Collection " Culina " | Le vol. net : **95** cent.

La Pâtisserie

II. — COURS MOYEN, en 10 leçons, à la portée de tous

ORNÉ DE 96 PHOTOGRAPHIES ET 138 DESSINS EXPLICATIFS A LA PLUME

ÉDITIONS " CULINA "   Vente en gros : ALBIN-MICHEL, Paris

LA PATISSERIE

II. — COURS MOYEN

Prochainement :

III. - LA PATISSERIE

COURS SUPÉRIEUR EN 10 LEÇONS

à l'usage des jeunes filles et cuisinières

G. DUMONT

LA PATISSERIE

II. - COURS MOYEN EN 10 LEÇONS

A l'usage des Jeunes Filles et Cuisinières

ORNÉ DE 96 PHOTOGRAPHIES D'APRÈS NATURE

ET 138 DESSINS EXPLICATIFS A LA PLUME

ÉDITIONS DE " CULINA "

12, Chaussée d'Antin, 12

PARIS

TERMES DE CUISINE EMPLOYES DANS CE LIVRE

I. — *Blanchir* des légumes, choux, pommes de terre, oignons, etc .., c'est les mettre à l'eau fraîche sur le feu, les amener à ébullition et les égoutter.
On blanchit aussi une volaille ou un ris de veau.

II. *Décanter*. — Transvaser un liquide au fond duquel il s'est fait un dépôt.

III. *Dégorger*. — Laisser tremper à l'eau froide une viande, un poisson, pour les débarrasser du sang ou impuretés qu'ils contiennent.

IV. *Foncer*. — Foncer une sauteuse ou une casserole pour braiser une volaille, une viande ou un poisson, c'est en garnir le fond de légumes et racines coupés en rondelles ou émincés. Carottes, oignons, persil, thym et laurier.
Foncer un moule ou un cercle à tarte, c'est le garnir de pâte.

V. *Fonds*. — Cuisson d'un poisson, d'une volaille, d'une viande ou d'un gibier, avec les aromates et assaisonnements voulus. Les fonds sont surtout employés à la confection des sauces et veloutés.

VI. *Glacer*. — Recouvrir les viandes piquées et rôties d'un jus de viande, avec un pinceau.

VII. *Marquer*. — Déposer et arranger dans la casserole les objets qui doivent y cuire.

VIII. *Pocher*. — Mettre sur le feu une casserole remplie d'eau, y jeter du sel, placer œufs, poissons ou quenelles ; les y laisser jusqu'à ce qu'ils soient bien cuits.

IX. *Plafond*. — Plaque de métal depuis la grandeur d'une assiette jusqu'à 40 ou 50 centimètres avec un rebord formé d'un gros fil de fer ; on en fait en tôle de fer et en cuivre. Ils servent à poser les pâtisseries pour les présenter au four.

X. *Salpicon*. — Garniture de tous éléments coupés en dés. Un salpicon peut être composé de plusieurs ou d'une seule garniture. On fait encore un salpicon de fruits confits.

XI. *Travailler*. — Travailler une pâte, c'est la rendre légère en la battant, soit à la spatule dans une terrine, soit au pilon dans un mortier.

XII. *Bain-Marie* — Chauffer certains aliments sans les exposer à des coups de feu. Elle consiste à plonger les vases qui les contiennent dans de l'eau que l'on chauffe directement.

XIII. *Braiser*. — Faire cuire à feu doux, sans évaporation, de manière à ce que les viandes conservent tout leur suc.

XIV. *Brider*. — Passer avec la lardoire une ficelle dans les cuisses et les ailes d'une volaille pour la maintenir.

XV. *Ciseler*. — Inciser en plusieurs endroits la peau d'un fruit, la chair d'un poisson pour qu'à la cuisson sa chair ne se déchire pas.

XVI. *Court-Bouillon*. — Sorte de bouillon généralement composé de vin blanc ou simplement d'eau avec poivre, sel, carottes, oignons, persil, thym, laurier.

XVII. *Emincer*. — Couper en tranches minces soit des légumes, des fruits ou une viande.

XVIII. *Frapper*. — Soumettre une boisson ou un entremets à l'action d'un réfrigérant.

XIX. *A hauteur*. — C'est-à-dire ne pas couvrir la viande de sauce ou d'eau entièrement.

XX. *Liaison*. — Opération qui consiste à terminer une sauce ou un potage. On lie parfois les sauces et potages blancs en leur incorporant un mélange d'œufs et de crème crue. On lie parfois les sauces brunes et particulièrement celles du gibier avec du sang. On lie la sauce américaine d'un homard en y incorporant les œufs de homard pilés et tamisés.

XXI. *Monder*. — Nettoyer, séparer des impuretés ou des parties inutiles.

XXII. *Sangler*. — Serrer fortement l'appareil ; l'entourer et le couvrir avec de la glace pilée, salée, dans certains cas, mêlée avec du salpêtre.

XXIII. — *Fontaine*. — Creux formé dans la farine après qu'elle a été posée sur le tour.

XXIV. *Fraiser*. — Fraiser une pâte, c'est, une fois qu'elle est rassemblée et pour ainsi dire terminée, l'écraser avec les paumes des mains par petites parcelles pour mélanger le beurre qui ne l'aurait pas été suffisamment.

XXV. *Tour*. — Table sur laquelle on travaille la pâtisserie exclusivement réservée à la confection de la pâte.
Donner un tour, c'est abaisser le feuilletage et le replier.
Donner un demi-tour, c'est replier la pâte en deux. On dit aussi fraiser la pâte trois tours.

XXVI. *Masquer*. — Recouvrir un mets d'une substance quelconque : sauce, sirop, sucre.

XXVII. *Habiller*. — Bien trousser une volaille ; mettre au point, nettoyer un poisson.

XXVIII. *Napper*. — Recouvrir d'une sauce assez compacte un morceau de viande, une volaille, un gâteau.

Suite du

Cours élémentaire de Pâtisserie

A l'usage des Jeunes Filles du Monde

ONZIÈME LEÇON

DES ENTREMETS DE CUISINE. — Nous sommes amenés aujourd'hui à parler des entremets de cuisine. Certes, nous rompons nettement ici avec la tradition de tous les livres de cuisine ou de pâtisserie qui suivent dans leurs publications un ordre méthodique. Mais ce n'est pas un livre, mais bien un cours que nous écrivons, et c'est pourquoi nous pouvons à notre fantaisie quitter un chapitre pour le reprendre plus tard et en créer un nouveau, alors que celui qu'il remplace n'est pas épuisé.

Dans un ouvrage ordinaire, et qui a peut-être plus de mérite que notre cours (il ne nous appartient pas de le juger), quand on aborde un nouveau sujet, c'est après vous y avoir préparé par des articles précédents. Ici nous n'avons qu'un objectif, celui de vous être agréable et de faire de vous, en le moins de temps possible des pâtissières suffisamment expérimentées pour traiter de suite (dans le Cours Élémentaire) un peu de tout. Nous avons déjà vu ensemble des gros gâteaux, des petits gâteaux et quelques petits fours, voire même de petites pièces montées. Il ne nous manque plus à présent que de savoir faire des entremets de cuisine et des entremets de pâtisserie, pour faire de vous de *bonnes pâtissières*. Nous avons bien dit de BONNES PATISSIÈRES, et quelque prétentieuse que puisse paraître cette affirmation, nous la maintenons. En effet, en dix leçons nous avons su faire de vous, qui aviez déjà l'expérience de la pratique, nous avons su faire de vous, dis-je, des pâtissières consommées, en vous indiquant les mille petits riens qui, quand on les ignore, tout qu'avec une recette bien expliquée on n'arrive à rien. Nous avons su vous mettre en garde contre vous-mêmes en vous disant : ne faites pas ceci, ne faites pas cela, car vous iriez au-devant de tel ou tel échec. C'est en cela que nous nous sommes distingués de nos prédécesseurs. En dix leçons, également, nous avons fait aussi de personnes totalement inexpérimentées, sinon des artistes, du moins des praticiennes très acceptables qui se perfectionneront en pratiquant et en suivant les conseils que nous sommes décidés à ne pas leur ménager. Nous n'épargnerons pas notre peine et nous prions nos lectrices de ne pas ménager leur patience ; de cette communion d'efforts nous attendons le meilleur résultat et nous serons heureux si nous l'atteignons.

Le seul reproche que vous puissiez nous faire serait peut-être de ne pas avoir abordé davantage de sujets. Nous avons envisagé également l'éventualité de cette observation, et après mûre réflexion, nous avons décidé de nous en tenir à notre façon de faire, désirant toujours être compris de nos lectrices et n'ayant pas seulement en vue le moyen de parler de tout et de n'expliquer rien.

Les articles abordés par nous ont été traités à fond et nous prétendons qu'en suivant à la lettre nos recommandations vous avez certainement obtenu des résultats satisfaisants. Nous sommes convaincus, sinon de vous avoir *beaucoup appris*, du moins de vous avoir *bien appris*. Si donc, vous *connaissez peu*, du moins vous *connaissez bien*. Nous aurons au cours de cette seconde partie l'occasion d'augmenter le répertoire de vos connaissances en pâtisserie et nous sommes sûrs qu'il vaut mieux pour vous connaître très bien peu d'articles, que de les effleurer tous sans en posséder un seul entièrement.

Voilà la raison qui nous force à rompre avec l'ordinaire méthode des ouvrages antérieurs. Nous avons voulu qu'au commencement de l'année vous possédiez un peu de tous les chapitres du grand répertoire de la pâtisserie et c'est pourquoi nous avons dû en quitter que nous venions seulement d'aborder, car leur examen entier nous aurait conduit trop loin. En effet, l'immense variété des petits fours pourrait occuper une année entière de ce cours, ça serait un peu monotone n'est-ce pas ; mais en variant nous avons néanmoins la ferme intention de ne pas vous obséder et d'être pour vous au moins supportable tout en vous instruisant ; puissions-nous être à hauteur de notre tâche et n'être pas qualifiés de prétentieux, tel est notre désir.

Dans le cours de l'hiver on sert plus volontiers des entremets chauds, aussi allons-nous d'abord parler de ceux-ci, nous réservant de parler des entremets froids dans un cours suivant. Les entremets dont nous allons parler sont à proprement parler des entremets de cuisine qui sont exécutés dans les hôtels et restaurants par des cuisiniers, mais nous avons jugé bon de les traiter à notre cours de pâtisserie à seule fin de pouvoir vous donner une foule de détails qui n'auraient pu trouver place, soit dans la cuisine simpliste ou dans la cuisine bourgeoise. Les principaux entremets chauds sont :

1° *Les soufflés à tous parfums ;*

2° *Les omelettes soufflées ;*

3° *Les fruits soufflés ;*

4° *Les puddings ;*

5° *Les charlottes de fruits ;*

6° *Les timbales et les croûtes aux fruits ;*

7° *Les fruits servis sur appareils de riz ou de semoule ;*

8° *Les crêpes, les beignets, les gaufres.*

1° DES SOUFFLÉS. — Les soufflés sont assez délicats à réussir en ce sens qu'un soufflé doit être servi aussitôt cuit. Il faut donc juste calculer l'heure à laquelle on doit mettre le soufflé au four pour qu'il ne retombe pas. Il se fait une quantité de soufflés à tous parfums, tels que vanille, café, chocolat, praliné, pistaches, amandes, noisettes, à tous les fruits, à toutes les liqueurs et à toutes les confitures. Pour tous ces apprêts on se sert d'une pâte fondamentale qu'il importe de savoir réussir à point pour les réussir toutes ensuite.

Nous donnons plus bas les proportions pour dix personnes, il va sans dire qu'on peut augmenter ou réduire ces proportions selon que l'on a plus ou moins de convives.

Proportions :

250 gr. de sucre en poudre ;
60 gr. de farine de gruau tamisée ;
3 décilitres de lait ;
4 œufs entiers ;
4 blancs d'œufs ;
1 gousse vanille et un grain de sel.

Procédé : La farine étant séchée au au four, tamisez-la sur un papier pour éviter qu'il y ait des grumeaux ou des impuretés qui nuiraient à l'homogénéité de la pâte qu'on doit obtenir très lisse.

Déposez la farine ainsi tamisée dans une terrine en porcelaine et formez une fontaine avec cette farine ; au milieu de cette fontaine déposez le sel et le sucre et commencez à délayer avec quelques cuillerées de lait. Là est le point capital de la préparation. *Il faut ne mettre le lait que petit à petit* et tenir la détrempe toujours mollette, c'est-à-dire *ni trop ferme ni trop molle*. Si la détrempe était trop ferme vous ne pourriez plus la lisser comme il faut, elle se corderait ; si, au contraire, vous la mouillez trop vite, il se forme des grumeaux de farine. Si la pâte était trop ferme pour bien se délayer et se lisser il faudrait la travailler à la spatule avant d'y ajouter quoique ce soit et ce jusqu'à ce qu'elle soit devenue bien lisse. Si vous n'y arrivez pas à la spatule, prenez un fouet et travaillez-la vigoureusement. Quand la farine aura été ainsi bien délayée, mettez la gousse de vanille, versez l'appareil dans une sauteuse et cuisez-le sur le fourneau en remuant sans discontinuer avec la palette à réduction.

Quand l'ébullition commence, retirez la sauteuse hors du feu, retirez la palette et remplacez-la par un fouet. Remettez en plein feu et donnez encore un bon bouillon en travaillant l'appareil au fouet jusqu'à ce qu'il soit parfaitement lisse et de forte consistance.

Tirez alors la sauteuse hors du fourneau et incorporez les quatre jaunes d'œufs, un par un, toujours sans cesser de remuer pour qu'ils ne se coagulent pas en restant trop longtemps en contact avec l'appareil bouillant. Passez immédiatement le tout à l'étamine, après avoir retiré la gousse de vanille, et tenez au bain-marie dans *l'eau tiède*. C'est à dessein que nous disons dans l'eau tiède. *Il faut, en effet, pouvoir à tout moment endurer la main dans le bain-marie.* Car, si l'eau était trop chaude, cela aurait pour effet de cuire les jaunes contenus dans la pâte qui se trouve au fond du bain-marie et on aurait de ce fait un appareil à soufflé granuleux et défectueux.

Cette partie de l'appareil peut se faire assez longtemps à l'avance, mais *on ne doit terminer un soufflé qu'au moment de le mettre* AU FOUR. En attendant ce moment vous pouvez préparer la timbale en métal ou en porcelaine allant au feu qui doit contenir le soufflé *(voir fig. 2)*.

Comment se fait le Flan au lait

I. — Faire une pâte brisée avec 250 gr. de farine, 125 gr. de beurre, 5 gr. de sel, 5 gr. de sucre et 60 gr. d'eau

II. — Avec cette pâte foncez un cercle à flan, préalablement beurré.

III. — Pesez 100 gr. de sucre semoule et mettez-le dans une petite terrine.

IV. — Cassez 5 œufs un par un sur le sucre et travaillez bien le mélange à la spatule.

V. — Mélangez à l'appareil 30 gr. de farine tamisée sur un papier.

VI. — Délayez cet appareil au fouet avec 1/2 litre de lait et parfumez d'une cuillerée à café d'eau de fleurs d'oranger.

VII. — Dans le fond de la tarte, mettez des petits morceaux de beurre fin et garnissez-la avec l'appareil. Cuisez le flan 35 à 40 minutes à four moyen.

VIII. — Flan au lait terminé.

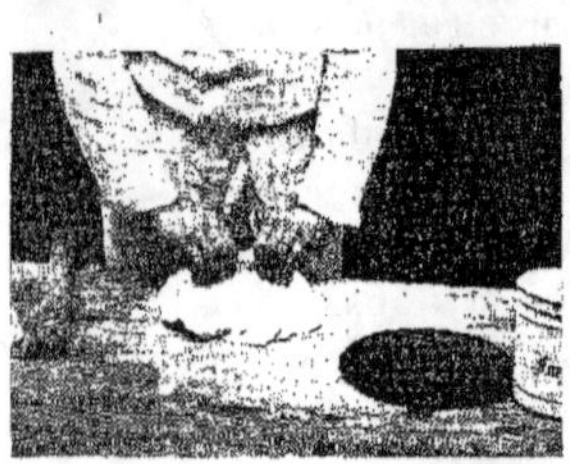

Fig. 2. — Timbale à soufflés.

Beurrez grassement l'intérieur de la timbale et saupoudrez-le de sucre glace. Tenez alors la timbale sens dessus dessous jusqu'au moment de la garnir de l'appareil à soufflés, ceci pour éviter qu'il y tombe poussière ou autres corps étrangers. Il faut compter pour la cuisson d'un soufflé moyen environ 20 minutes à four doux. Calculez donc le moment précis où vous devez terminer votre appareil et, quand le moment sera venu, clarifiez 4 œufs dont vous ajouterez les blancs à ceux des 4 premiers que vous avez clarifiés pour mettre les jaunes dans l'appareil. Il va sans dire qu'il faut toujours bien flairer les œufs et les clarifier un à un dans un récipient quelconque pour s'assurer qu'ils n'ont aucun mauvais goût.

Mais à ce moment de l'année où les œufs frais commencent à abonder il s'en trouve de mauvais. Surtout *n'employez jamais dans un soufflé un œuf qui aurait mauvais goût aussi léger soit-il.* Écartez-le sans hésitation, *le résultat serait déplorable.*

Mettez alors les 8 blancs clarifiés très proprement, sans coquilles *ni jaunes surtout,* dans une bassine ronde en cuivre rouge non étamé et fouettez-les en neige très ferme au moyen d'un fouet en fil de fer, préalablement rincé à l'eau fraîche. *Faites en sorte d'obtenir une neige très ferme, c'est essentiel à la réussite de cette préparation.*

Quand les blancs sont fermes, mélangez-les à l'appareil légèrement mais intimement cependant.

Il ne reste plus alors qu'à en garnir la timbale en une pyramide dont la base doit arriver aux trois quarts de la hauteur et la pointe dépasser celle-ci (*fig. 6*). Pour former cette pyramide on superpose des cuillères d'appareil les unes sur les autres en formant, autant qu'on peut le faire, un cône, puis, quand c'est fait on lisse les côtés de ce cône en se servant d'un grand tranche lard à lame longue et flexible qu'on tient de la main gauche (*fig. 7*).

L'appareil étant ainsi disposé dans la timbale, il n'y a plus qu'à le cuire. Il faut un four de bonne chaleur moyenne.

La cuisson demande environ 20 mi-

Fig. 6

Fig. 7

mutes à four moyen. Quand le soufflé
monte au milieu de la cuisson, il faut
éviter de le remuer, car il retomberait.
Cinq minutes avant que le soufflé soit
complètement cuit poudrez-le de sucre
glace et fermez rapidement le four pour
que le soufflé glace au caramel. Servez
de suite en mettant la timbale sur serviette au milieu d'un plat rond.

Il est encore une autre méthode de
cuisson qui accélère un peu celle-ci et
qui est surtout bonne à pratiquer quand
on ne dispose pas d'un four très chaud.

Cette méthode consiste à faire partir
le soufflé sur le fourneau avant de le
mettre au four ; on diminue ainsi la
cuisson de quelques minutes et on remé-
die aussi à un inconvénient qui se présente assez fréquemment ; en effet, il
arrive que dans les fours ordinaires des
cuisinières, la pâtisserie cuit et colore
parfaitement dessus mais *ne prend pas de*

fond, c'est-à-dire que le dessous
ne cuit pas.

SOUFFLÉ AU CAFÉ. — Le
soufflé au café se prépare à peu
près de la même manière, mais
il faut supprimer la gousse de
vanille et ajouter deux cuillerées à bouche d'essence de café,
telle que l'essence de Trablit ou
autre. Comme l'addition de cette
essence allège l'appareil à soufflé, il sera bon de supprimer
un blanc d'œuf car, si l'appareil
se trouvait trop léger il retomberait fatalement à la cuisson
quelque précaution que vous
preniez.

SOUFFLÉ AU CHOCOLAT. —
Pour le soufflé au chocolat, il
faut absolument les mêmes proportions
que pour le soufflé à la vanille, y compris la gousse de vanille, car jamais
celle-ci n'a nui dans un entremets au
chocolat. Avant d'incorporer les jaunes
dans l'appareil primitif du soufflé, ramollissez au four 125 grammes de chocolat et mélangez-le à cet appareil en
le lissant bien au fouet; si vous éprou-
viez quelque difficulté à bien l'amal-
gamer il conviendrait de le délayer avec
un verre à Bordeaux d'eau; cette précaution facilite le mélange ;elle devient
indispensable quand on opère avec du
chocolat ordinaire qui est toujours
pâteux et compact et on peut l'éviter
en travaillant avec du bon chocolat qui
est plus liquide que les autres quand il
est ramolli à la chaleur. Nous conseillons du reste, pour la préparation des
entremets, d'employer des chocolats de
bonne qualité dont la teneur est plus
riche en cacao.

Le nombre de blancs d'œufs ne varie pas pour cette préparation, il reste le même que pour le soufflé à la vanille.

La cuisson est aussi la même que dans le premier cas.

SOUFFLÉ AU PRALINÉ. — Dans l'appareil du soufflé à la vanille, mélangez en même temps que les blancs d'œufs battus en neige, mélangez, dis-je, 50 grammes d'amandes grillées et pilées finement avec 50 grammes de sucre en poudre et tamisés au tamis fin.

Dressez cet appareil en dôme dans une timbale et semez sur cet appareil des amandes effilées ; quelques minutes avant que la cuisson soit terminée, poudrez le soufflé avec de la glace de sucre et laissez glacer au caramel.

SOUFFLÉ AUX PISTACHES. — Pilez au mortier 100 grammes de pistaches avec 4 jaunes d'œufs et 2 verres à liqueur de bon kirsch nature ; quand elles seront pilées finement, incorporez cette pâte à l'appareil à soufflé, il est bien entendu que vous n'y mettez pas d'autres jaunes que ceux que vous aurez employés pour piler les pistaches. Mélangez ensuite les blancs montés et, si la pâte était un peu pâle, vous pouvez ajouter un peu de vert liquide pour la teinter légèrement en vert pâle.

Même cuisson que pour les précédents.

SOUFFLÉ AUX AMANDES. — Pilez au mortier 100 grammes d'amandes mondées, avec 4 jaunes d'œufs et deux verres à liqueur de kirsch nature. Ajoutez ces amandes à l'appareil à soufflé avant d'y mélanger les blancs d'œufs.

Semez des amandes hachées sur le soufflé et cuisez-le de même que les autres.

SOUFFLÉ AUX NOISETTES. — Même procédé que ci-dessus ; substituez des noisettes mondées aux amandes et cela en même quantité. Même cuisson.

SOUFFLÉ AUX FRAISES. — Ce soufflé n'est guère exécutable que lorsqu'on dispose de fraises fraîches ou d'une purée de fraises qu'on aura conservée soi-même.

A peu de chose près, les proportions sont les mêmes pour l'appareil que pour le soufflé à la vanille.

PROPORTIONS :

6 décilitres de purée de fraises,
75 grammes de farine,
350 grammes de sucre en poudre,
1/2 litre de lait,
14 jaunes d'œufs.
14 blancs d'œufs montés en neige.

Le procédé est exactement le même que pour la préparation du soufflé à la vanille.

Mélangez la purée de fraises lorsque l'appareil a bouilli et avant d'y ajouter les jaunes, et ne montez les blancs qu'au dernier moment.

Au lieu de garnir la timbale d'un seul coup avec l'appareil il faut le faire par couches successives et semer sur celles-ci des fraises entières.

Les meilleurs soufflés sont ceux qu'on fait avec les fraises des bois,, car celles-ci sont beaucoup plus parfumées que les autres.

PURÉE DE FRAISES POUR SOUF-FLÉS. — Prenez de belles fraises des bois ou à défaut des fraises d'Héricart, épluchez-les et passez-les au travers d'un tamis de crin ou de soie et recueillez la purée dans une terrine. Elle est prête à employer.

Pour conserver une année et plus cette purée, mélangez-y 150 grammes de sucre en poudre par livre de fruits en purée, mettez-la dans des demies ou des quarts de bouteilles *à champagne de préférence*, car elles sont plus solides. Bouchez et ficelez hermétiquement, emballez-les dans du foin ou des vieux chiffons et rangez-les dans une marmite de forme haute dont le fond sera garni également de foin ou de chiffons. Remplissez-la d'eau en sorte que celle-ci recouvre les bouteilles de plusieurs centimètres. Mettez sur le feu et portez-la à l'ébulliton. Soutenez celle-ci pendant une demi-heure et retirez ensuite la marmite du feu. Laissez refroidir les bouteilles dans l'eau et sortez-les le lendemain seulement.

Essuyez-les et rangez-les à la cave ou en lieu frais et sec. La purée ainsi traitée peut se conserver un an et plus.

SOUFFLÉS AUX FRAMBOISES, AUX PÊCHES, AUX ABRICOTS, etc. —

Mêmes proportions et même procédé que pour le soufflé aux fraises, il suffit de changer la purée qu'on incorpore. La cuisson reste la même. Il est toujours bon de mettre dans le soufflé des morceaux de fruits macérés au kirsch.

La purée de fruits se prépare toujours en passant ces fruits au travers du tamis de crin ou de soie.

Le mode de conservation est exactement le même pour ces purées diverses que pour la purée de fraises.

RECOMMANDATIONS ESSENTIELLES

Vous ne sauriez trop vous recommander de peser avec beaucoup d'attention tous les éléments qui entrent dans la composition d'un soufflé, car cette préparation est très délicate et le moindre écart, sucre en plus, ou farine en moins, serait préjudiciable à la réussite du soufflé.

Observez que, de même, les quantités que nous vous donnons pour les œufs, s'entendent pour de beaux œufs moyens de 60 grammes environ. Si les œufs sont plus petits, il convient d'en ajouter un ou deux, et s'ils sont plus gros, supprimez-en au contraire un ou deux suivant leur poids et le résultat que vous obtiendrez la première fois.

DES OMELETTES SOUFFLÉES. —

Beaucoup de personnes ont une tendance à confondre les soufflés et les omelettes soufflées. Quoique présentant une certaine analogie, il ne faut cependant pas les prendre l'un pour l'autre. La confrontation des deux recettes vous le montrera du reste à première vue.

L'appareil des omelettes soufflées est plus léger et par conséquent plus fragile encore que celui des soufflés ordinaires.

De même que pour les soufflés, il y a une base fondamentale qui est l'omelette soufflée à la vanille, et les autres sont des dérivés de cette recette initiale.

OMELETTE SOUFFLÉE A LA VANILLE. — PROPORTIONS POUR 12 PERSONNES :

150 grammes de sucre en poudre,
5 jaunes d'œufs,
12 blancs d'œufs battus en neige,
1 gousse de vanille.

PROCÉDÉ : Dans une terrine en porcelaine ou en terre vernie, déposez les 150 grammes de sucre en poudre et, à la spatule, formez-en une fontaine au milieu de laquelle vous mettez 2 jaunes d'œufs. Commencez à travailler les jaunes d'œufs avec le sucre en poudre mais ne prenez celui-ci que petit petit à tout à lait comme pour le biscuit de Savoie. Un instant après, quand l'appareil devient mousseux et blanchâtre, ajoutez deux nouveaux jaunes d'œufs et, cette fois, mélangez tout le sucre.

Quand l'appareil sera de nouveau devenu léger, c'est-à-dire mousseux et blanc, ajoutez le cinquième jaune d'œuf et travaillez-le encore comme il faut.

Vous mettrez bien entendu les blancs d'œufs au fur et à mesure dans une bassine en cuivre rouge non étamée. Quand à force de le travailler, l'appareil prendra de la consistance, il est prêt pour l'emploi.

Vous ouvrez alors la gousse de vanille dans toute sa longueur et, avec la pointe d'un petit couteau, vous grattez tout l'intérieur et vous le mélangez à l'appareil dans la terrine. Vous mettez de côté la gousse de vanille ainsi grattée car, telle quelle, elle peut encore parfumer un litre de crème, renversée, pâtissière ou autre. Si vous disposez de sucre bien vanilliné ou vanillé, vous pouvez le substituer à la gousse de vanille en en mettant une ou plusieurs cuillerées à café, suivant sa force.

Montez alors les blancs d'œufs en neige très ferme ainsi que cela a déjà été expliqué dans les premières leçons de ce cours.

Quand les blancs d'œufs sont bien fermes, mélangez-les à l'appareil contenu dans la terrine. Il faut que le mélange soit bien opéré mais légèrement pour ne pas faire retomber les blancs d'œufs.

On sert rarement l'omelette soufflée ordinaire, on la garnit souvent de confi-

Fig. 8

ture, gelée de groseilles ou autre, ou encore marmelades diverses.

Quand on veut servir l'omelette soufflée nature, on la cuit dans une poêle :

Il faut tout d'abord nettoyer convenablement celle-ci et la beurrer grassement.

Vous versez ensuite dans la poêle l'appareil à omelette et vous le lissez à plat avec un grand tranchelard à lame longue et flexible. Vous cannelez ensuite le tour de l'omelette (fig. 8) avec une palette et vous commencez à faire la cuisson sur le fourneau garni de rondelles, il faut que cette chaleur soit douce pour ne pas faire prendre au fond de la poêle. Quand vous voyez que le beurre chauffe et que l'omelette commence à gonfler, vous poussez la poêle à four chaud, dix minutes suffisent généralement quand le four est à point. L'omelette doit doubler de volume, au bout de 5 minutes qu'elle est au four et, quand elle commence à prendre de la couleur, vous la poudrez fortement à la glacière et la remettez au four pour terminer la cuisson.

L'omelette soufflée se sert sur un grand plat long, Quand elle est cuite à point il faut la servir de suite car elle retombe très facilement. Pour l'enlever de dans la poêle, on commence par s'assurer si qu'elle se décolle en donnant à celle-ci un mouvement circulaire, on doit voir tourner l'omelette. Si elle ne tourne pas c'est qu'elle attache au fond. Il faut alors passer un tranche-lard dessous pour la décoller.

Quand elle l'est, il n'y a plus qu'à la glisser sur le plat en la repliant. Pour ce faire, on incline la poêle sur le plat en tenant celle-ci de la main droite et en tenant le plat incliné à 45° de la main gauche. Quand l'omelette est à moitié sur le plat on retourne la poêle, ce qui a pour effet de plier l'omelette en deux (*fig. 9*). On aura mis un peu avant un tisonnier à rougir en plein feu. On poudre alors l'omelette au sucre vanillé et on la brûle avec le tisonnier en la rayant comme un chausson (*fig. 10*).

Il faut naturellement servir immédiatement, car l'omelette retombe très vite une fois ainsi pliée.

Fig. 10. — Omelette soufflée.

OBSERVATIONS : *De même que pour les soufflés, il faut donc calculer avec soin le moment où il faut la mettre au four en sorte qu'elle n'attende pas.*

OMELETTE SOUFFLÉE AUX CONFITURES.

— L'omelette soufflée se sert aussi aux confitures, à la gelée de groseilles plus souvent

Quand on veut la servir ainsi, on commence à la faire tout à fait comme l'omelette soufflée à la vanille et on la met à cuire de même. Seulement, au moment de la glisser sur le plat et avant de la plier, on la garnit de gelée de groseilles, bien au milieu de la partie inférieure en sorte qu'elle ne coule pas au dehors. On la replie de même que dans la recette précédente, puis on la glace au sucre vanillé et on la brûle au fer comme il a été dit plus haut.

Il va sans dire qu'on peut remplacer la gelée de groseilles par toute autre confiture, gelée ou marmelade de son choix.

Il faut avoir soin, quand on brûle l'omelette soufflée au fer, de ne le faire que modérément, en sorte que le sucre ne soit pas noir, car il serait forcément amer. Il doit être d'un beau roux avec bon goût de caramel.

Fig. 9.

OMELETES SOUFFLÉES DIVERSES. — L'omelette soufflée peut se faire au café avec addition d'essence de café, au chocolat en ajoutant du chocolat ramoli, (environ 200 grammes) avec un peu d'eau. A l'orange, au citron, à la mandarine, en parfumant l'appareil, soit avec un zeste de citron, d'orange ou mandarine. Les proportions restent les mêmes.

DOUZIÈME LEÇON

DES ENTREMETS DE CUISINE *(suite)*. — Le chapitre des omelettes soufflées vous paraîtra peut-être un peu long, mais il est d'une telle ressource pour les entremets que nous sommes forcés d'en parler à nouveau aujourd'hui. Une particularité de cet entremets est qu'il se prête à nombre de combinaisons très drôles et qui charment les invités par leur imprévu. Il s'agit des omelettes soufflées en surprise. Présenter, en effet, une omelette soufflée brûlante à ses invités, est à coup sûr très bien, mais si ceux-ci trouvent au milieu une superbe et bonne glace, c'est encore bien mieux, n'est-ce pas ? Certes la façon de ces omelettes en surprise est un peu plus compliquée que celle d'une omelette soufflée ordinaire, mais avec un peu de temps et surtout de la patience, vous réussirez sans aucun doute et serez amplement récompensées par l'étonnement et la surprise que vous aurez provoqués chez vos convives.

Vous trouverez pages 80 et 81 du Cours élémentaire de Pâtisserie la recette de la génoise. Préparez donc 125 grammes de génoise, c'est-à-dire 125 grammes de sucre 4 œufs, 100 grammes de farine et 100 grammes de beurre et cuisez-la dans un cercle à flans de la grandeur du fond d'un plat à entrée en métal allant au four. La génoise étant cuite, laissez-la refroidir sur une grille et pendant ce temps préparez l'appareil glacé.

Il va sans dire que la quantité de glace devra être proportionnée au nombre de convives que vous désirez servir.

Nous avons déjà donné dans *Culina* nombre de recettes de glaces délicieuses, mais pour cet entremets une glace très moelleuse convient mieux que toute autre ; aussi allons-nous vous donner une recette spéciale que nous vous recommandons particulièrement. Il va sans dire que si cette glace vous plaît de préférence à une autre, vous pourrez, à votre gré, la servir seule dans une autre occasion.

COMPOSITION DE LA MOUSSE AU CAFÉ. — Cassez dans une bassine en cuivre rouge 3 jaunes d'œufs et délayez petit à petit avec 100 grammes de sucre en poudre.

Placez alors la bassine au bain-marie et fouettez l'appareil jusqu'à ce qu'il devienne bien mousseux et blanchâtre. Quand vous jugez que l'appareil est à point, il faut lui incorporer un demi-décilitre de forte essence de café. Pour faire cette essence mettez 100 grammes de café finement moulu dans un filtre que vous bouchez hermétiquement, puis versez dessus un décilitre d'eau bouillante. Couvrez aussitôt le filtre et laissez passer doucement l'eau Au bout d'une demi-heure mesurez le liquide passé sous le filtre, vous devrez en trouver un demi-décilitre si tout est bien passé et si l'eau n'a pas trop réduit en arrivant à l'ébullition. Si vous n'en aviez pas un demi-décilitre, il conviendrait de passer une nouvelle quantité d'eau jusqu'à ce que vous ayez l'essence voulue. Celle-ci doit être *très forte* et c'est pourquoi nous vous recommandons de ne passer qu'une très petite quantité d'eau à la fois. Recueillez alors cette quintessence et incorporez-la à l'appareil déjà battu. Tirez alors celui-ci du feu et continuez à le battre au fouet jusqu'à ce qu'il soit complètement refroidi. Débarrassez-le dans une terrine et tenez-le au frais. Il va sans dire que vous pouvez utiliser le café qui restera dans le filtre pour tous les besoins du ménage, car une aussi minime quantité d'eau passée sur 100 grammes de bon café moulu est loin de lui avoir enlevé tout son arôme et *on ne doit jamais laisser rien perdre dans une maison bien tenue.*

Quand l'appareil sera bien refroidi, mélangez avec un quart de litre de crème fouettée bien ferme. Garnissez de cet appareil un moule *de forme basse* et sanglez-le avec un mélange de glace pilée et de sel à 10 °/₀ de sel. Le sel marin convient à merveille, ainsi, du reste, que tout gros sel de cuisine, sel gemme ou autre.

MANIÈRE DE SANGLER UNE GLACE. — Remplissez le moule de

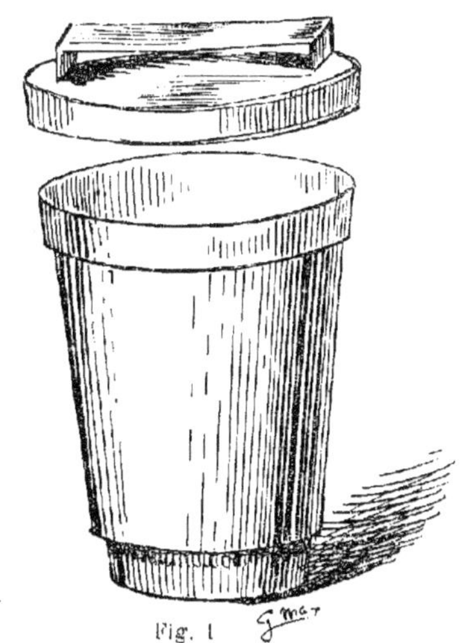

Fig. 1

forme basse d'une contenance de 3/4

de litre (*fig. 1*) avec l'appareil à mousse au café. *Il faut que le moule soit plein à bord.* Posez ensuite le couvercle sur le moule et lutez tout le tour entre le couvercle et le moule avec du beurre pour empêcher l'introduction de l'eau salée dans la glace, ce qui serait irrémédiable. Pilez environ 10 kilos de

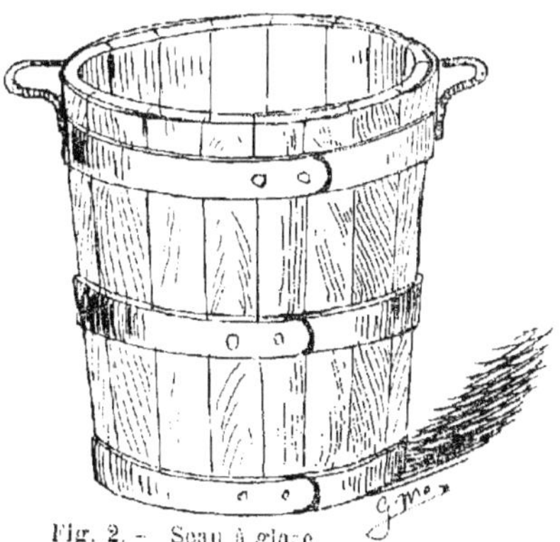

Fig. 2. — Seau à glace

glace très finement et mélangez-lui un kilo de sel marin ou autre. Opérez le mélange avec une petite pelle à main. Quand tout est bien mélangé, mettez dans le fond du seau une forte pelle de glace et sur cette glace posez le moule garni de son appareil. Il devra rester entre le moule et le seau tout autour de celui-là un espace d'au moins quatre centimètres de chaque côté. Versez sur le moule une pelle ou deux de glace pilée et salée, puis en maintenant le moule, en appuyant sur la poignée du couvercle, tassez la glace au moyen d'un court bâton de la grosseur d'un manche à balai et ceci tout autour du moule. Ceci s'appelle *serrer le sanglage. Cette opération est essentielle* car de là dépend la fermeté de la glace En effet, on comprendra que si la glace n'entoure pas parfaitement le moule, la mousse contenue dans l'intérieur de celui-ci ne peut suffisamment raffermir.

Veillez donc à ce que le sanglage soit fortement serré tout autour et dans toute la hauteur du moule. Mettez ensuite quelques pelletées de glace pilée et salée sur le moule et tassez-la avec un instrument quelconque, pilon ou autre suffisamment lourd. Placez alors le seau en lieu frais pendant au moins une heure et demie. Au bout de ce temps, sortez le moule de la glace pilée et essuyez-le convenablement tout autour avec un torchon bien sec. Enlevez alors le couvercle et voyez si la mousse est bien ferme. Si le sanglage a été bien fait et *bien serré*, la mousse devra l'être. Replacez alors le couvercle sur le moule et replacez celui-ci dans le seau ; re couvrez le de glace en la tassant légèrement et remettez le seau au frais jusqu'au moment où vous serez prête a faire l'omelette soufflée. *Observez bien surtout que la mousse* UNE FOIS PRISE *ne doit jamais rester dans le sanglage* plus d'une demi-heure, autrement elle peut durcir. Il faut aussi pour le sanglage des glaces choisir un seau de forme appropriée au moule de façon qu'en hauteur, comme en largeur il y ait une couche suffisante de glace.

maniables, mais moins solides peut-être. On les trouve chez les quincailliers, marchands d'articles de ménage, bazars ou grands magasins.

Préparez, une fois la mousse prête, un appareil à omelette soufflée en travaillant à la spatule dans une terrine en porcelaine 75 grammes de sucre semoule avec deux jaunes d'œufs et deux cuillerées à bouche d'essence de café. Cet appareil doit être travaillé vigoureusement et très longtemps, jusqu'à ce qu'il devienne léger et mousseux. Battez alors six blancs d'œufs en neige très ferme et mélangez les délicatement à l'appareil, assez pour que le mélange soit intime et pas suffisamment pour qu'ils retombent.

Sur un plat d'entrée en métal, disposez l'abaisse de génoise cuite dans un cercle à flans, comme nous l'avons expliqué plus haut et imbibez-la *légèrement* avec un sirop de café (*fig. 3*) en l'arrosant à la cuiller. Pour faire ce sirop de café qui doit être léger, prenez la valeur d'une demi-tasse à café de bon café et sucrez-le avec 5 ou 6 morceaux de sucre. Arrosez, une fois le sucre bien fondu, la génoise avec ce sirop, et sans excès toutefois ; faites que certaines places ne soient pas sèches et d'autres trop mouillées. Démoulez alors la mousse au café sur ce fond de génoise imbibée. Pour démouler correctement une glace, une mousse ou un biscuit glacé, conformez-vous aux instructions suivantes :

Fig. 3

Les seaux à glaces sont généralement de bois et cerclés de fer. Depuis quelques années, il s'en fait en espèce de carton-cuir qui sont plus légers, plus

POUR DÉMOULER UNE GLACE. — Tirez le moule hors du seau en ayant bien soin de ne pas le découvrir, ce qui pourrait se produire si vous le tirez par arrachement par la poignée du moule. Le mieux est de renverser le seau dans un autre jusqu'à ce que le moule soit découvert.

Prenez alors celui-ci et plongez le environ quinze secondes dans une bassine d'eau fraîche ; retirez-le de l'eau et essuyez-le *à sec* avec un torchon, puis enlevez le couvercle et essuyez encore toute la partie supérieure du moule qui était cachée par le bord du couvercle.

Prenez alors un petit couteau d'office et enfoncez la lame entre la glace et le moule sans entamer la glace. La lame étant au fond du moule, appuyez-la légèrement sur la glace en sorte que l'air pénètre entre celle-ci et le moule pour en faciliter la sortie qui ne peut s'effectuer qu'à cette condition. Retournez alors le moule sur le plat garni d'une serviette ou d'un socle quelconque, la glace devra sortir seule. Lissez-la avec la lame d'un grand couteau avant qu'elle ait raffermi. Il arrive parfois qu'une glace n'est pas suffisamment ferme et s'affaisserait si on la démoulait. Si cela se produisait il faudrait regarnir le moule, le fermer, luter (1) le tour du couvercle avec du beurre et le sangler à nouveau. On peut, pour cette opération, utiliser la glace du premier sanglage. Il suffirait de l'égoutter sur un crible ou dans un panier et de lui mélanger une nouvelle quantité de sel pour remplacer celui qui est fondu dans le premier sanglage. Recommencez alors tel qu'il a été dit plus haut en serrant toutefois davantage le sanglage car c'est de là que vient le mal. Il pourrait aussi se faire que vous eussiez pris un seau trop étroit et qu'il n'y ait *autour du moule* qu'une couche insuffisante de glace

(1) Luter un moule signifie le boucher hermétiquement avec une matière grasse et solide comme le beurre, le saindoux, la graisse, etc. Le beurre s'applique entre le moule et le couvercle, une fois le moule fermé.

pilée. Il faudrait alors en prendre un plus large ou, à défaut, une bassine ou une terrine suffisamment haute cependant. Nous sommes sûrs de la recette que nous avons préconisée plus haut, mais il pourrait se faire que vous ayez commis une erreur en pesant le sucre ou en mesurant la crème qui ne doit l'être qu'après avoir été fouettée S'il y a *trop peu de sucre* ou *trop de crème fouettée* la glace serait sèche et dure au lieu d'être moëlleuse.

Si au contraire la glace ne prenait pas et restait molle c'est *qu'il y aurait trop de sucre ou pas assez de crème fouettée.* Dans ce cas il faut démouler la glace et lui mélanger quelques cullerées à bouche de crème fouettée bien ferme. Remoulez-la ensuite et resanglez-la aussi une heure et demie.

Pour remédier à la glace dure il faudrait la démouler dans une terrine et lui mélanger en la travaillant environ 50 grammes de sucre glace puis la remouler et la resangler. Mais, comme vous le voyez, il faudrait à nouveau attendre une heure et demie de chaque manière pour pouvoir servir et démouler la glace. Ceci pour arriver à dire qu'on ne doit pas attendre au dernier moment pour faire sa glace d'abord et ensuite pour s'assurer qu'elle est réussie à point. Il faut le faire au moins une heure avant de la servir pour n'être jamais pris au dépourvu avec une glace dure ou une glace liquide n'ayant aucun cachet.

Nous vous avons donné le moyen de remédier à ces inconvénients, mais nous nous hâtons de vous dire que *mieux vaut ne jamais y recourir* car ces rafistolages ne valent jamais grand chose et que mieux vaut, surtout dans les débuts, apporter une grande attention en pesant et en mesurant tous les éléments que de faire à peu près et de passer ensuite son temps à raccommoder tant bien que mal ce qui aurait pu être bien fait du premier coup.

DRESSAGE DE L'OMELETTE EN SURPRISE. — La glace étant démoulée sur l'abaisse de génoise imbibée, aplatissez-la légèrement pour qu'elle ne soit pas trop haute, puis recouvrez-la aussitôt avec l'appareil à omelette soufflée. Lissez la convenablement tout autour et dessus avec un grand couteau à lame flexible, un tranche-lard par exemple, en lui donnant une forme tronconique (*fig. 4*). Le pointillé indique la place que doit occuper la glace, en sorte qu'elle soit recouverte *de tous côtés et en tous sens* d'une bonne couche d'appareil à omelette.

FIG. 4

Vous pouvez, pour agrémenter le plat, canneler le tour avec la lame du tranche-lard (*fig. 5*), ou le décorer avec

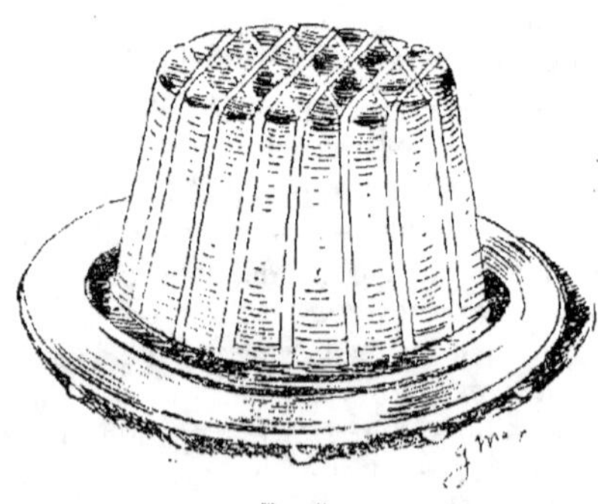

FIG. 5

l'appareil à omelette que vous mettez dans une poche munie d'une douille cannelée ainsi que le montre la figure 6. Saupoudrez aussitôt l'omelette de sucre glace et posez le plat sur une plaque à rôtir ronde en cuivre à moitié pleine d'eau froide ou mieux encore de glace pilée, poussez le tout au four *bouillant* pendant quatre ou cinq minutes et tournez le plat en tous sens pour que l'omelette dore également de tous côtés. Servez de suite.

Il est inutile de dire que la description de tous ces apprêts est plus longue que ne doit l'être l'exécution à partir surtout du moment où la glace est démoulée.

Il n'y a aucune crainte à avoir à passer l'omelette au four, la glace étant protégée de la chaleur par la couche d'appareil qui l'entoure. Cet appareil est en effet un très bon isolant par la quantité d'air emprisonnée dans les blancs d'œufs battus en neige très ferme. Il sera donc indispensable de bien veiller à ce que les blancs d'œufs soient très fermes et à ce que le four soit *bouillant*, car un four modérément chaud serait trop long à glacer convenablement l'omelette, et la chaleur pourrait pénétrer jusqu'à la glace et l'amollir.

Vous pouvez encore, à votre gré, dresser l'omelette sur un plat long, mais pour ce faire il faudrait donner à la glace, en la comprimant entre deux tampons de linge, une forme allongée bien appropriée à la forme du plat long et il faudrait bien observer encore que la glace soit bien protégée de tous côtés par une couche suffisante d'appareil à omelette.

C'est au comte Thomson de Rumfort que nous devons l'omelette soufflée en surprise.

Il en fit la découverte en 1804 au cours de recherches sur la conductibilité de la chaleur.

Ce n'est donc ni à un cuisinier, ni à un pâtissier que nous la devons, mais bien à un physicien. Le comte de Rumfort était de nationalité américaine. D'autres après lui on fait passer cette curiosité du domaine du laboratoire dans celui de la cuisine.

Fig. 6.

L'omelette en surprise ou l'omelette norvégienne, comme on l'a baptisée par la suite, se prête à une foules de combinaisons ; en variant le parfum de la glace et celui de l'appareil, on peut la varier à l'infini.

Une variante de ces entremets est la gamme des fruits soufflés à la norvégienne.

Nous allons en donner quelques-uns seulement et sans aucun doute vous pourrez en augmenter le nombre à votre fantaisie en vous conformant aux règles fondamentales que nous allons vous exposer.

ORANGES SOUFFLÉES A LA NORVÉGIENNE. — Cernez le haut de quelques belles oranges de façon à en détacher un couvercle comme le montre la figure 7. Par l'ouverture ainsi pratiquée évidez les oranges et avec leur pulpe préparez une glace à l'orange en passant celle ci au tamis et en faisant le zeste des couvercles enlevés et qui ne s'utilisent pas pour finir les fruits.

Pour faire le zeste d'orange vous frottez la peau jaune sur un morceau de sucre en pain ; grattez ensuite ce sucre sur toutes les parties colorées et mettez le sucre ainsi gratté dans une terrine avec le jus et la pulpe des oranges. Après avoir laissé infuser le tout ensemble pendant une heure ou deux passez le au tamis, puis pesez le jus ainsi obtenu. Ajoutez le même poids de sucre semoule et laissez fondre. Vérifiez alors le degré du sirop ainsi obtenu au pèse-sirop : il devra peser 16° s'il pèse moins, il faut ajouter du sucre jusqu'à ce qu'il atteigne ce degré. Si au contraire il pèse davantage, ramenez le sirop à 16° en ajoutant un peu d'eau. Teintez légèrement avec quelques gouttes de carmin et sanglez l'appareil à glace dans une sorbetière.

POUR SANGLER UN APPAREIL A GLACE. — Il y a une grande différence entre l'appareil décrit plus haut pour la mousse au café et celui ci de la glace à l'orange. Il ne faut pas les sangler de la même manière.

Fig. 7.

En effet, pour le cas présent, il faut que l'appareil à glace soit remué sans cesse et travaillé pendant qu'il prend.

On possède maintenant dans beaucoup de maisons bourgeoises des glacières américaines très pratiques, ainsi que le montre la figure *8*. Il suffit, en effet, de mettre l'appareil à glacer dans la sorbetière, de couvrir celle-ci, de la

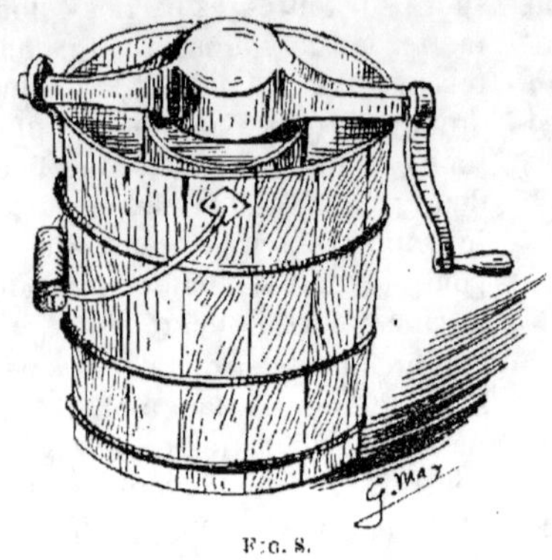

Fig. 8.

mettre dans le seau et de l'entourer du mélange réfrigérant, glace pilée et sel à 10 °/₀ de sel. En tournant ensuite la manivelle qui est sur le côté, la sorbetière tourne, en même temps qu'un malaxeur fixé dans celle-ci, travaille la glace et lui donne du corps. Au bout d'une vingtaine de minutes ouvrez la sorbetière et voyez si la glace est assez prise ; si oui, utilisez-la, si non, continuez à tourner pendant quelques minutes encore. L'opération est, comme on le voit des plus simples. Si vous ne disposez pas d'une de ces glacières, il vous faut un seau (*fig. 8*) et une sorbetière en étain (*fig. 9*) ou en fer-blanc étamé. Placez le liquide à glacer dans la sorbetière, couvrez celle-ci et placez-la dans un seau. Garnissez le tour de glace pilée et de sel,

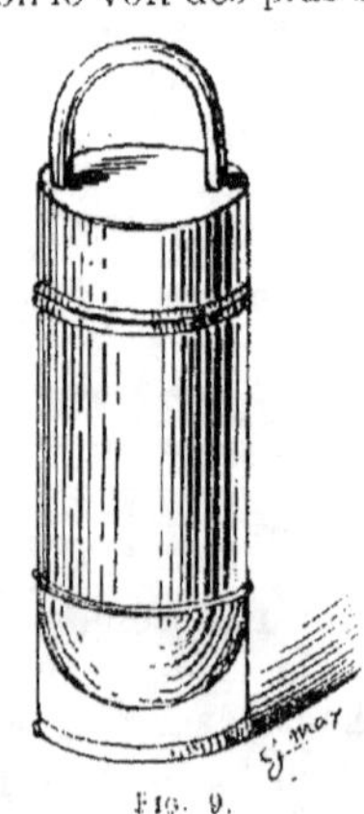

Fig. 9.

puis imprimez à la sorbetière un mouvement de rotation en prenant la poignée du couvercle et en faisant tourner alternativement avec les deux mains, de droite à gauche avec la main droite et de gauche à droite avec la main gauche. De deux en deux minutes détachez avec une boulette ou spatule à glace (*fig. 10*) l'appareil qui congèle tout autour de la sorbetière, puis continuez à tourner.

Quand l'appareil sera à peu près ferme, travaillez-le énergiquement pour faire disparaître tous les grains qui pourraient subsister. Comme vous le voyez dans ce dernier cas, le travail est plus long et plus pénible que dans le premier où le travail se fait automatiquement. Les glacières américaines se trouvent chez tous les quincailliers, marchands d'articles de ménage, bazars et grands magasins.

La glace étant prête, réservez la et préparez très peu d'appareil à omelette soufflée à l'orange que vous parfumez avec du zeste d'orange.

Pilez alors un ou deux kilogs de glace ordinaire, propre, *sans sel*, suivant que vous avez peu ou beaucoup d'oranges.

Fig. 10.

Quand cette glace est pilée finement, mettez-la dans une plaque à rôtir ; incrustez ensuite les oranges dans cette glace pilée, puis garnissez-les aux trois quarts de la glace à l'orange bien ferme. Couvrez ensuite le dessus avec l'appareil à omelette soufflée à l'orange, saupoudrez-les de sucre, glace et passez

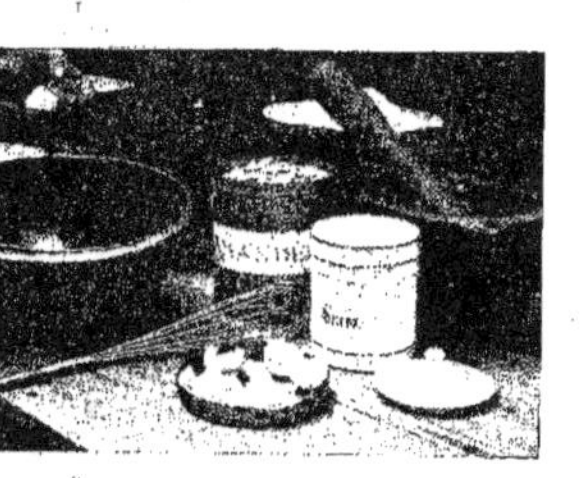

Comment se fait le Gâteau Trois-Frères
autrement dit TROIS-FRÈRES AUX AMANDES

I. — Pilez au mortier 50 gr. d'amandes douces mondées avec un petit verre de rhum.

II. — Relevez les amandes dans une bassine et ajoutez-y 125 gr. de sucre en poudre et 4 œufs.

III. — Battez cette pâte au fouet en la chauffant doucement sur un réchaud.

IV. — Quand l'appareil est bien monté, mélangez-lui 100 gr. de farine tamisée sur un papier.

V. — Mélangez ensuite 75 gr. de beurre fin fondu à feu doux.

VI. — Beurrez un moule à bordure de forme ronde et chemisez-le avec des amandes hachées fines.

VII. — Garnissez le moule aux 3/4 de sa hauteur avec l'appareil et cuisez-le 30 à 35 minutes à four doux.

VIII. — Gâteau terminé disposé sur une grille garnie de dentelle.

OBSERVATION. — Ce gâteau se mange plutôt froid avec crème, glace, compote ou macédoine de fruits, confiture, etc.

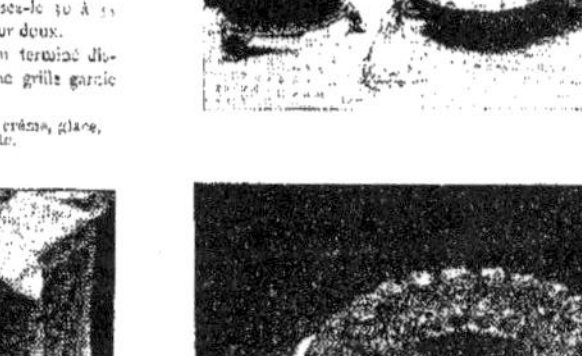

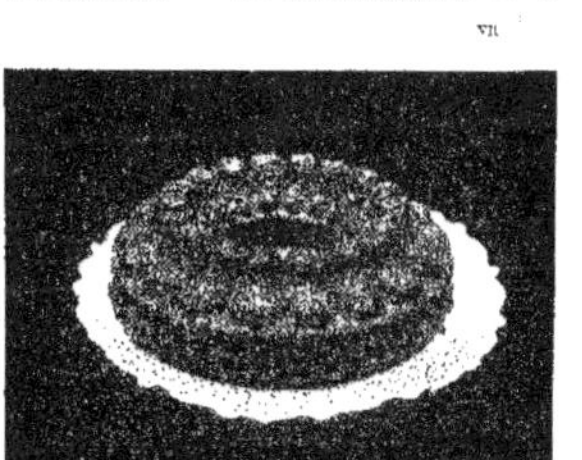

les quelques minutes, à *four bouillant* pour qu'elles glacent sur le dessus.

Enlevez les alors du four, égouttez-les et dressez-les sur un plat garni d'une serviette, servez de suite.

Une observation principale est, de même que pour l'omelette en surprrise, de faire très vite une fois la glace mise dans les oranges et de disposer d'un four très chaud en sorte que les oranges soient glacées avant d'avoir eu le temps de chauffer.

POMMES ET POIRES SOUFFLÉES A LA NORVÉGIENNE. — Par le même procédé vous pouvez faire des poires et des pommes soufflées à la Norvégienne en cernant les fruits par le haut et en les évidant ensuite. Passez alors la pulpe de ces fruits au tamis fin et sucrez-la avec poids égal de sucre semoule. Pesez l'appareil ainsi préparé et amenez-le à 18° soit en ajoutant du sucre ou de l'eau suivant qu'il sera au-dessus ou au-dessous de ce degré.

Glacez l'appareil, garnissez en les fruits aux trois quarts et finissez de garnir avec de l'appareil à omelette soufflée à la vanille.

Inscrutez-les dans la glace pilée et passez-les à four bouillant après les avoir saupoudrés de sucre glace. En sortant du four, posez sur chacun le couvercle enlevé et dressez-les sur plat garni d'une serviette pliée.

BANANES, MANDARINES SOUF-FLÉES EN SURPRISE. — Vous pouvez préparer toutes sortes de fruits, tels que bananes, mandarines, etc.. en les évidant et en faisant une glace avec la pulpe enlevée des fruits et en

les recouvrant d'un appareil à omelette soufflée à la vanille. La surprise sera certainement très grande chez vos convives, passant de la chaleur de l'omelette soufflée au froid de la glace que contiennent les fruits L'énumération de tout ce qui peut se faire dans ce genre serait trop longue et déplacée dans un cours dont la longueur est forcément limitée, aussi nous vous laissons le soin de créer toutes les variations que vous inspirera votre fantaisie ou vos ressources et en vous recommandant seulement de vous rapporter aux diverses observations et recommandations décrites plus haut.

DES PUDDINGS CHAUDS. — Un chapitre non moins important que le précédent est celui des puddings chauds qui, lui aussi. contient nombre de variétés. De même que précédemment nous allons nous contenter d'en décrire quelques-uns des plus usités que vous pourrez augmenter suivant vos besoins et vos ressources,

PUDDING SOUFFLÉ A LA VANILLE. — Ce pudding sert de base à

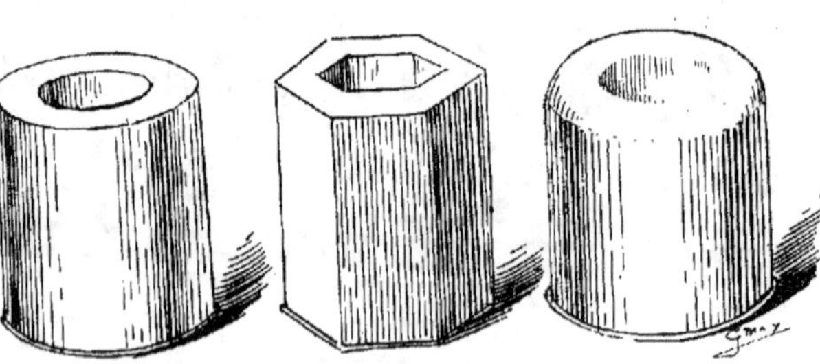

Fig. 11, 12 et 13.

beaucoup de préparations de même que l'appareil à omelette soufflée à la vanille.

Les puddings se cuisent dans les moules à douilles larges et lisses (*fig. 11, 12 et 13*). On préfère ces moules à ceux historiés car le démoulage en est plus facile.

PROPORTIONS :
    100 grammes de beurre ;
    100 grammes de sucre ;
    1 gousse de vanille ;
    4 jaunes d'œufs ;
    35 grammes de fécule ;
    4 blancs d'œufs.

PROCÉDÉ. — Dans une sauteuse, déposez le beurre et faites-le fondre à feu doux. Quand il est fondu, décantez-le doucement de façon à supprimer tout le petit lait qu'il pourrait contenir. Remettez-le ensuite dans cette sauteuse et mélangez-lui le sucre et la fécule ; quand le mélange est bien homogène, ajoutez-y les jaunes d'œufs, puis fendez en deux la gousse de vanille et grattez l'intérieur granulé avec la pointe d'un petit couteau ; mettez-le ensuite dans la sauteuse et placez celle-ci à feu doux sans cesser de remuer avec une spatule. *Il ne faut pas que cet appareil arrive à l'ébullition* car les jaunes se coaguleraient et l'appareil serait inutilisable. Quand l'appareil commencera à épaissir et aura la consistance d'une crème pâtissière, tirez-le sur le côté du fourneau en continuant de la remuer jusqu'à ce que la sauteuse soit un peu refroidie car, autrement, la cuisson continuerait. Battez ensuite les blancs d'œufs en neige et incorporez-les en mélangeant suffisamment pour que l'appareil soit homogène et pas trop pour que les blancs ne retombent pas.

Beurrez alors consciencieusement un moule à pudding et farinez-le légèrement, puis garnissez-le avec l'appareil aux trois quarts de sa hauteur.

Mettez de l'eau à moitié de la hauteur d'une plaque à rôtir et mettez-y le moule. Faites partir en ébullition en plein feu et mettez ensuite à four doux pendant vingt-cinq ou trente minutes. *Il ne faut jamais démouler un pud-*

ding sortant du four car il pourrait s'affaisser. Il faut le laisser se reposer dix minutes dans un endroit chaud, étuve ou chauffe-assiettes, avant de le retourner sur un plat pour le démouler. Si le moule a été bien beurré partout il doit se détacher sans difficulté, sinon il faut passer entre le pudding et le moule la lame d'un couteau flexible en ayant soin de ne pas entamer celui-là.

Le pudding se sert avec une sauce anglaise à la vanille qu'on peut verser sur le plat ou envoyer à part dans une saucière.

SAUCE ANGLAISE. — Mettez à bouillir un quart de litre lait avec la gousse de vanille ouverte en deux et grattée. Quand la vanille aura bien infusé, retirez-la de dedans le lait.

Travaillez d'autre part dans une terrine 75 grammes de sucre semoule avec six jaunes d'œufs que vous incorporez un par un. Quand le mélange sera devenu mousseux et blanchâtre, délayez-le au fouet avec le lait bouillant, puis remettez le tout dans une casserole, Replacez celle-ci sur le feu sans cesser de remuer à la spatule. *Cette crème ne doit jamais bouillir,* car les jaunes coaguleraient et la crème serait tournée. Quand vous voyez que la crème épaissit et nappe bien la spatule, tirez-la hors du feu et passez-la à la passoire fine dans une petite casserole que vous maintenez au bain-marie dans l'eau chaude mais non bouillante (il faut pouvoir y endurer la main) jusqu'au moment de servir. Au dernier moment vous pouvez, au moment de servir, incorporer à cette sauce anglaise quelques cuillerées à bouche de crème fouettée bien ferme,

La composition du pudding et de la sauce ci-dessus expliqués servent de base aux puddings au café, au chocolat, à l'orange, au citron, à la mandarine, etc., il suffit de substituer à la vanille de l'essence de café, du chocolat ou du cacao, du zeste d'orange, de mandarine ou de citron, en gardant les mêmes proportions de sucre, beurre, œufs et fécule que celles données plus haut. Les puddings avec parfums de liqueurs, kirsch, rhum, anisette, curaçao et fine champagne se préparent aussi de la même manière, on y ajoute seulement un petit verre et demi des liqueurs énoncées et on maintient la vanille qui ne nuit nullement dans ces sortes d'apprêts.

PUDDINGS AU TAPIOCA, AU VERMICELLE, A LA SEMOULE, AU RIZ, etc. — PROPORTIONS. — Un quart de litre de lait; 80 grammes tapioca, vermicelle ou semoule; 75 grammes de sucre; 3 jaunes et 2 blancs d'œufs (parfum).

PROCÉDÉ. — Mettez à bouillir le lait dans une petite casserole et versez en pluie fine dans ce liquide bouillant le tapioca, la semoule ou le riz, laissez cuire une demi-heure à feu doux et en remuant de temps à autre pour s'assurer que cela n'attache pas au fond de la casserole.

Débarrassez alors dans une terrine et ajoutez le sucre en poudre puis les jaunes d'œufs en les mélangeant vivement au fouet pour qu'ils ne cuisent pas. Battez les blancs en neige très ferme et incorporez-les à l'appareil que vous mettez en moule et cuisez 30 minutes à four doux et au bain-marie. Ces puddings se démoulent, comme les autres, un quart d'heure après leur sortie du four et se servent également avec une sauce anglaise.

Ils se parfument à tous parfums, vanille, café, chocolat, citron, orange, mandarine, cognac, rhum, kirsch, curaçao, anisette, etc...

Pour le pudding au riz, il faut veiller à ce que le riz reste entier et ne soit pas dur cependant

TREIZIEME LEÇON

D ES ENTREMETS DE CUISINE
(*suite*). — Les charlottes forment
une nouvelle variété, très intéressante
également, des entremets chauds, dits
entremets de cuisine. Les charlottes
de pommes et de poires sont parmi les
meilleures.

Les moules à Charlotte sont en fer-
blanc, ou en cuivre. Ils se font de deux
formes, soit cylindriques ou tronco-
niques comme le montre la *figure 2*.

Fig. 2.

Les deux formes sont également pratiques et on ne saurait recommander
l'une plutôt que l'autre. Pour ce qui est
de les choisir en fer-blanc ou en cuivre
nous nous sommes déjà expliqués à ce
sujet et nous ne pouvons que répéter
que les deux ont leur avantages et leurs
inconvénients. Un moule en cuivre est
plus résistant qu'un moule en fer-blanc,
il est aussi plus décoratif placé sur les
planches de la cuisine, mais il est plus
coûteux que celui en fer-blanc et demande à être tenu constament en bon
état d'étamage. Il doit être aussi très
brillant et toujours bien astiqué ; c'est
indispensable à la bonne tenue de la cuisine. Le moule en fer-blanc, beaucoup
moins coûteux que l'autre, peut suffire
dans une cuisine bourgeoise où on ne
s'en sert pas journellement. Il faut
avoir soin de toujours bien le sécher
après chaque nettoyage et avant de le
mettre en place car il se détériorerait
très vite par la rouille qui le rongerait
inévitablement si on négligeait cette
précaution.

La préparation de la charlotte de
pommes comprend deux opérations
principales :

1° *La préparation de la marmelade
de pommes ;*

2° *Le fonçage de la charlotte.*

PRÉPARATION DE LA MARME-
LADE DE POMMES. — Pour douze
personnes, prenez 3 kilogs de pommes
de reinettes et épluchez-les ; coupez-les
en quartiers, épépinez-les et émincez-
les en tranches aussi minces que possible. Opérez aussi vite que faire se
peut pour que les pommes n'aient pas
le temps de noircir, ce qui serait très
désagréable et nuirait au bon aspect
de l'entremets. Les pommes étant
émincées, mettez-les dans une sauteuse
fraîchement étamée avec 100 grammes
de sucre en poudre, puis placez-la en
plein feu. Remuez alors les pommes
sur le feu sans jamais cesser avec une
palette à réduction pendant une vingtaine de minutes pour qu'elles fondent
bien et qu'il ne reste pas de morceaux.
Si les pommes ne cuisaient pas assez
vite et que la marmelade réduise sans
que tous les morceaux s'écrasent, il
faudrait ajouter un peu d'eau (un demi-
décilitre environ) pour continuer la
cuisson. Mettez une demi-gousse de
vanille dans la marmelade pour parfumer celle-ci et laissez-la infuser ving

minutes environ. Ajouter ensuite 50 grammes de bon beurre fin d'Isigny très frais et tirez la marmelade hors du feu en couvrant la sauteuse. Pendant que les pommes refroidissent, procédez au fonçage de la charlotte de pommes.

FONÇAGE DE LA CHARLOTTE. — Prenez pour le fonçage de la charlotte

Fig. 3. — Pain de mie.

un pain de mie *frais de la veille* de préférence, car un pain trop frais se coupe mal et ne permet pas de tailler les tranches aussi minces qu'il convient de le faire. Les pains de mie se trouvent dans toutes les bonnes boulangeries et mieux vaut les acheter car il est rare, a moins d'être très expérimentée, qu'on les réussisse aussi bien que le boulanger. Un pain de mie de 500 grammes suffit pour la charlotte de douze personnes.

Les pains de mie ont généralement une forme de trapèze, ainsi que le montre la *figure 3*. Parez-le pleinement pour supprimer entièrement la croûte sur toutes les faces sauf une des plus longues. Couchez ensuite le pain de mie sur cette face et taillez des tranches aussi minces que possible que vous placez très exactement

les unes sur les autres pour découper des lames rectangulaires d'environ cinq centimètres de largeur et ayant comme longueur la hauteur du moule à charlotte. Selon la hauteur du moule il conviendra donc de les tailler dans un sens ou dans l'autre du pain pour avoir le moins possible de perte. Les lames étant ainsi découpées, il ne reste qu'à foncer le moule.

Mettez alors 150 grammes de bon beurre d'Isigny très frais à fondre dans une sauteuse et pendant ce temps préparez le fond du moule. Pour ce faire, disposez sept ou 8 lames de pain de mie légèrement à chevalet les unes sur les autres comme le montre la *figure 4*. Posez alors le moule bien d'aplomb sur ces feuilles superposées, puis, avec un couteau coupant bien, coupez tout ce qui dépasse le moule. Observez alors de retirer le moule sans déranger nullement les tranches de pain de mie. Prenez la première de ces tranches et passez-la dans le beurre fondu pour qu'elle s'en imprègne bien. Egouttez-la et déposez-la dans le moule la partie ronde bien contre la paroi intérieure et la tranche entière bien a plat dans le fond du moule ; ceci fait, prenez la deuxième tranche, passez-la dans le beurre également et placez-la sur l'autre en l'achevalant légèrement sur la première. Faites ainsi jusqu'à la dernière tranche et veillez à ce que le fond du moule soit entièrement garni et qu'il

Fig. 4.

ne reste aucun interstice entre le moule

et le pain. Prenez ensuite les tranches de pain taillées comme longueur de la hauteur du moule et, après les avoir passées dans le beurre fondu et les avoir égouttées, appliquez-les une par une et verticalement le long des parois du moule en les à chevalant les unes sur les autres d'environ un demi-centimètre. Quand tout le moule est bien garni de pain intérieurement, versez-y la marmelade de pommes sans omettre d'enlever la demi gousse de vanille. Le moule étant plein, couvrez-le avec un morceau de croûte de pain de mie qui empêchera la charlotte de trop colorer. Placez-la ensuite sur deux tourtières ou tôle se superposant et mettez-la au four doux pendant quarante-cinq à cinquante minutes. Tournez-la en tous sens pour qu'elle colore également de tous côtés, puis, quand elle est bien cuite, mettez-la à l'étuve pendant un quart d'heure pour qu'elle repose avant de la démouler.

Au moment de servir, retournez le moule sur un plat après avoir enlevé la croûte de pain de dessus. Envoyez à part dans une saucière une sauce abricot parfumée au kirsch.

SAUCE ABRICOTS CHAUDE. — Prenez de la marmelade d'abricots, environ 250 grammes, et mettez-la dans un poêlon avec deux décilitres d'eau. Faites-la bouillir à feu doux et passez-la à la passoire fine dans une petite casserole. Remettez-la au chaud et incorporez-lui d'abord deux verres à liqueur de kirsch ou de rhum et gros comme une noix de beurre d'Isigny très frais. Versez dans une saucière et servez chaud.

CHARLOTTE DE POIRES. — Une légère variante de cet entremets est la charlotte de poires. A cette époque de l'année les poires sont rares, ainsi du reste que les pommes, mais je devais citer ces entremets à cette place même qui est celle qu'ils doivent occuper dans la longue énumération des entremets chauds de cuisine.

En général, ces entremets ne se servent guère qu'en hiver, mais par goût certaines maîtresses de maison aiment à les servir toute l'année.

Le fonçage de la charlotte de poires, est identiquement le même que celui de la charlotte de pommes ; nous ne donnerons donc aucune nouvelle expli-

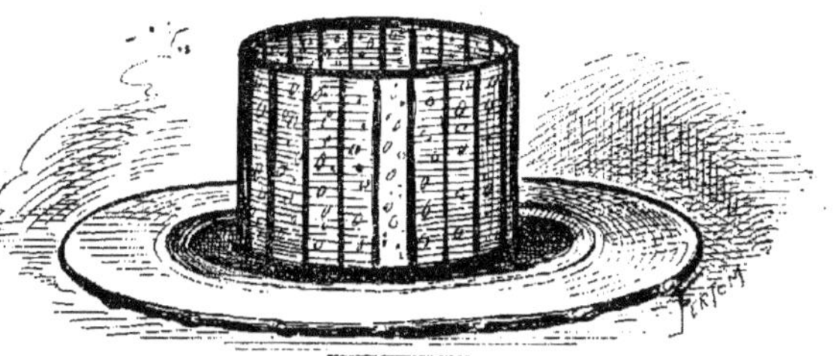

Fig. 5. — Charlotte de pommes ou de poires.

cation et nous vous prions de vous reporter à l'explication donnée plus haut.

La marmelade de poires se prépare aussi de la même manière que la marmelade de pommes. Les poires qui conviennent le mieux sont celles de l'espèce dite fondante. Les poires de Crassane ou les Passe-Crassanes sont les meilleures pour cette préparation. Choisissez donc de belles et bonnes poires fondantes. Coupez-les en quartiers que vous pelerez et épépinerez aussi vite que possible et avec un couteau à lame d'argent ou de vermeil pour qu'elles ne noircissent pas et ne prennent aucun mauvais goût que communique toujours l'acier aux fruits acidulés. La même observation s'applique également aux pommes. Cependant, comme on ne dispose pas toujours de couteaux à lame d'argent, on peut, en opérant assez vite, se servir d'un couteau ordinaire sans grand dommage.

Une fois les poires épluchées et épépinées, émincez-les aussi finement que faire se peut en sorte qu'elles cuisent plus vite et qu'il ne reste pas de morceaux non fondus dans la marmelade. Les proportions de sucre et de beurre restent les mêmes que pour la marmelade de pommes. On la parfume aussi avec une demi-gousse de vanille, à moins qu'on ne préfère un zeste de citron.

Certaines personnes ajoutent à la marmelade de pommes ou de poires une certaine quantité de marmelade d'abricots, qui ajoute certainement à la délicatesse de l'entremets, mais cette addition dénature un tant soit peu le goût primitif que d'autres préfèrent.

On parfume encore la marmelade avec deux petits verres à liqueur de rhum ou de kirsch, mais toutes ces additions sont facultatives et je vous laisse juger d'agir en l'occurrence selon votre goût, car ce qui plait aux uns ne peut très bien pas plaire aux autres.

TIMBALE DE POIRES ECOSSAISE. — Pour douze personnes, prenez une dizaine de belles poires fondantes Crassane ou autres, pelez-les blanchissez-les à l'eau fraiche et cuisez-les doucement dans un sirop vanillé à 18 degrés au pèse sirop. Quand elles sont presque cuites (dans un poêlon en cuivre rouge), mettez le poêlon sur le côté du fourneau en sorte que l'ébullition s'arrête complétement et que le sirop se maintienne juste chaud et pénètre bien les poires.

Beurrez alors un moule à charlotte bien grassement et foncez-le (IV) avec de la pâte à brioche.

FONÇAGE DU MOULE. — Faites une petite abaisse de pâte à brioche d'un centimètre d'épaisseur et de la largeur du fond du moule. Disposez cette abaisse dans le moule et tamponnez-la pour qu'elle adhère bien partout. Faites ensuite une nouvelle abaisse, rectangulaire cette fois, ayant en largeur la hauteur du moule et en longueur trois fois le diamètre de ce moule. Mouillez alors l'abaisse du fond avec un pinceau doux trempé dans l'eau. Enlevez l'abaisse avec les deux mains et déposez-la dans le moule que vous couchez sur la table pour faciliter le travail. Cette abaisse doit couvrir les parois du moule. Pour souder intimement la pâte il convient de mouiller les deux bords de l'abaisse, puis de les rapprocher et de bien tamponner la pâte tout autour pour qu'elle se soude et adhère bien au moule. En tamponnant la pâte celle-ci remontera et formera une crête qu'on laissera dépasser du moule et qui servira pour souder le couvercle. Mettez la timbale à raffermir au frais et, pendant ce temps, égouttez les poires sur un tamis de crin.

Préparez encore un demi-litre de crème pâtissière avec 250 grammes de sucre, 40 grammes de farine, huit jaunes d'œufs, un demi-litre de lait et une demi-gousse de vanille par le procédé qui a déjà été décrit dans de précédentes leçons. Laissez refroidir la crème pâtissière avant de l'employer puis garnissez le fond de la timbale avec une couche de cette crème. Rangez sur la crème une couche de quartiers de poires cuites au sirop, puis mettez une nouvelle couche de crème et continuez ainsi jusqu'à ce que le moule soit plein en observant seulement de terminer par une couche de crème. Quand le moule est entièrement plein, faites une nouvelle abaisse ronde de pâte à brioche d'un centimètre d'épais seur. Mouillez intérieurement les bords de la pâte qui dépasse le moule et posez sur celui-ci l'abaisse qui sert de couvercle : rapprochez alors les bords de l'abaisse de ceux de la pâte qui dépasse le moule et soudez-le bien intimement ainsi que vous le feriez pour un pâté.

Montez bien la crète en la serrant dans les doigts. Faites-la bien régulière en coupant avec un couteau d'office les parties trop hautes pour que la crète soit égale en hauteur de tous côtés Pincez grossièrement la crète, intérieurement s'entend, avec la pince à pâtisserie et dorez le couvercle de la timbale. Taillez alors une bande de papier écolier de quelques centimètres de largeur et beurrez la grassement. Assujetissez-la en dehors du moule et en haut, soit en la collant avec un peu d'œuf battu, ou en la maintenant avec une ficelle. Cuisez la timbale quarante à quarante-cinq minutes pour qu'elle colore également de tous côtés. Laissez la reposer un quart d'heure à l'étuve avant de la démouler. Retournez-la ensuite sur un plat rond et servez en même temps une saucière de Sabayon mousseux, dont la recette a déjà été donnée précédemment *page 88 du 1er avril 1909. Recette n° 255.*

CROUTES AUX FRUITS. — Quoique ayant déjà parlé, d'une façon succinte du reste, des croûtes aux fruits dans un chapitre précédant ce cours, je dois y revenir en donnant, toutefois davantage de détails.

Dans un moule à savarin de taille moyenne, moulez une couronne en pâte à brioche que vous laissez lever dans un endroit de chaleur douce. Quand vous mettez cette couronne à lever le moule doit être à moitié plein et vous le mettez ou four quand la pâte arrive à hauteur. Cuisez pendant vingt-cinq à trente minutes à four moyen en ayant soin de tourner le moule en tous sens,

en sorte que la couleur soit la même de tous côtés.

Quand la cuisson est terminée, démoulez la couronne de brioche laissez-la refroidir avant de la découper en croûtons.

Pour découper la couronne placez la sur la table et, avec un couteau à lame mince et coupant bien, coupez en biais des croûtons de 1 centimètre 1/2 à 2 centimètres d'épaisseur rangez ces croûtons sur une plaque en tôle très propre et non beurrée en observant de les ranger tous dans le même sens, la croûte en dehors.

Poudrez ensuite ces croûtons à la glacière et passez-les au four pour les faire griller modérément, car s'ils grillaient trop ils seraient amers.

Pendant que les croûtons grillent au four, préparez un peu de marmelade d'abricots passée au tamis fin que vous faites réduire en plein feu dans un poêlon en cuivre non étamé. Remuez bien cette marmelade sans arrêt tout le temps qu'elle réduit, en sorte qu'elle ne brûle pas au fond du poêlon Quand l'abricot nappe bien la spatule c'est qu'il est assez réduit, et il convient alors de le mettre de côté.

Les croûtons de brioche étant assez grillés, tirez les du four et nappez-les (XXVIII) en les plongeant dans l'abricot bouillant. Pour le faire aisément il faut piquer chaque croûton avec un petit couteau d'office, ce qui permet de le retirer sans encombre. Placez ces croûtons sur une grille pour qu'ils égouttent au fur et à mesure que vous les sortez de l'abricot, et en évitant qu'ils se touchent, Quand tous les croûtons sont ainsi abricotés, il ne reste plus qu'à les dresser sur un plat rond à entrée. Il faut les dresser en couronne en les à chevalant les uns sur les autres pour reconstituer la couronne, un peu moins élevée toutefois, il faut pour monter cette couronne sans trop de mal poser tous les croûtons dans le même sens, la croûte extérieure de la couronne mise en dehors du plat. Pour soutenir les croûtons il faut maintenir le premier pour qu'il soit bien en place dans la position verticale. On le maintient au moyen d'un autre croûton qu'on pose d'abord en travers sur le bord du plat. Il n'y a plus ensuite qu'à dresser le premier croûton contre celui-ci et les autres en suivant. Quand il n'y a plus qu'un croûton à poser on retire celui qui est en travers et on maintient le premier avec la main pour que la couronne ne s'affaisse pas. On glisse alors le dernier croûton dans l'espace resté vide et on reforme sa couronne régulièrement en relevant les croûtons trop bas et en baissant ceux qui sont trop hauts.

Il ne reste plus alors qu'à décorer la croûte, ce qui se fait en posant sur chaque croûton soit une demi-cerise confite, soit tout autre quartier de fruit. La croûte étant montée il faut masquer le fond du plat avec un peu de marmelade d'abricots réduite ; cette opération se fait au pinceau et en prenant grand soin de ne pas souiller la bordure du plat, ce qui est toujours du plus vilain effet. La croûte étant ainsi décorée il ne reste plus qu'à préparer la garniture.

Certains praticiens ont l'habitude, mauvaise à mon avis, de préparer leurs garnitures de croûte aux fruits avec des fruits confits. C'est là une façon que je ne recommande pas du tout, car les fruits lorsqu'ils sont confits, sont toujours durs et trop sucrés. Les fruits en compote sont meilleurs et les fruits au naturel même sont bons pour cette préparation. Tous les fruits *sans exception* sont délicieux dans une macédoine de fruits. Les fruits très juteux tels que quartiers d'oranges, mandarines, raisin, fraises et cerises peuvent se mettre à cru ainsi que la banane. D'autres fruits comme les abricots, les reines-Claude, les pommes, les pêches et les poires doivent être pochés au sirop léger. La préparation de la macédoine de fruits devant garnir la croûte aux fruits dépend donc du moment où on la prépare, et des fruits frais ou conservés au naturel ou au sirop dont on dispose. Les abricots se partagent en deux pour se faire pocher au sirop, les reines-Claude se gardent entières, les pêches, si elles sont grosses, pourront se couper en quatre. Les pommes seront taillées en gousses ou en olives, et il faudra éviter de les faire de trop petite taille, car mieux vaut avoir une macédoine faite de beaux quartiers de fruits facilement reconnaissables qu'un salpicon trop petit. L'ananas sera, lui, coupé en tranches minces qu'on découpera en rayons après avoir enlevé la partie dure du milieu. Les mirabelles seront énoyautées et laissées entières ainsi que les cerises ; les fraises seront équeutées, les bananes épluchées et coupées en tronçons.

Il faut naturellement très peu de chaque sorte de fruits quand on en a une grande variété, mais il est bon de dire que *tous* les fruits ne sont pas indispensables et qu'on peut faire une macédoine très présentable encore qu'il y manquerait une ou plusieurs sortes des fruits énoncés plus haut.

Il se fait du reste aussi des croûtes garnies d'une seule sorte de fruits dont nous parlerons plus loin.

Tous les fruits étant pochés au sirop ou épluchés, il convient de les réunir dans une terrine après avoir égoutté ceux qui sont en compote ou pochés au sirop.

Les jus de fruits seront réunis dans un poêlon en cuivre rouge non étamé et on les fera réduire en plein feu d'au moins moitié, jusqu'à ce qu'il n'y ait plus que suffisamment pour saucer les fruits. Ce sirop serait trop clair, pour les lier aussi lui mélangera-t-on une certaine quantité de marmelade d'abricots qu'on laissera bien bouillir avec le sirop. On passera le tout à la passoire fine sur les fruits et on parfumera avec du bon kirsch nature en proportion avec la quantité de macédoine de fruits. La marmelade d'abricots s'entend pour une marmelade très fine passée au tamis métallique. Elle peut se préparer avec des abricots frais en saison ou des abricots conservés pendant l'hiver. Si on travaille des abricots frais, il faut autant que possible, les choisir bien mûrs, les partager en deux et les énoyauter. Mettez-les dans une bassine en cuivre rouge non étamée avec la valeur d'un verre d'eau par kilog de fruits. Placez la bassine sur le feu et ne cessez pas de remuer avec une grande spatule pour que les fruits n'attachent pas. Quand l'ébullition aura commencé couvrez le feu avec un peu de cendre pour qu'elle ne devienne pas trop vive et laissez-la continuer pendant un quart d'heure. Versez alors le contenu de la bassine sur un tamis métallique et passez-le au travers avec un champignon en bois.

Recueillez la pulpe d'abricots dans une terrine placée sous le tamis et pesez-la. Passez d'autre part même poids de sucre (le sucre en pain est préférable à tout autre) et réunissez le tout dans une bassine toujours en cuivre non étamée que vous placerez sur le feu en remuant continuellement son contenu avec une écumoire en cuivre. Au premier bouillon réglez l'ébullition en sorte qu'elle ne soit pas trop vive et remuez toujours pendant dix minutes. Au bout de ce temps la marmelade est suffisamment cuite et il ne reste plus qu'à la débarrasser dans des pots qu'on couvre, range et conserve en lieu sec comme les confitures ordinaires.

Quand on voudra employer cette marmelade d'abricots, il n'y aura qu'à la mettre dans un poêlon et la réchauffer simplement ou la réduire suivant les cas.

La croûte aux fruits peut se servir froide ou chaude, suivant la saison ou le goût de la maîtresse de maison. Si on veut la servir froide, il n'y a qu'à la tenir au frais, si au contraire on veut la servir chaude on place le plat à l'entrée du four ouvert pendant un quart d'heure ou vingt minutes, et on met le récipient contenant la macédoine de fruits à chauffer au bain-marie dans une plaque aux trois quarts remplie d'eau bouillante. Au moment de servir on verse la macédoine de fruits au milieu de la croûte en évitant surtout d'y mettre l'excédent de sauce qu'il pourrait y avoir dans la garniture. Le mieux est de servir les fruits avec une écumoire et de les déposer au milieu de la croûte. Quand la croûte est suffisamment garnie, on verse juste la quantité de sauce nécessaire sur les fruits et on réserve le surplus soit pour repasser le plat, soit encore pour un autre usage.

CROUTE AUX FRUITS AU MADÈRE. — Cet entremets est plus connu sous le nom de croûte au madère; il n'y a aucune différence dans la préparation de la croûte. Il faut seulement dans la macédoine de fruits remplacer le kirsch par du madère. Il en faut un verre à madère au lieu d'un verre à liqueur de kirsch. La croûte au madère se sert toujours chaude, et il faut ajouter de plus un bon morceau de beurre fin avant de servir.

CROUTE A L'ANANAS. — La croûte à l'ananas diffère plus de la croûte aux fruits que la croûte au madère.

Comment se fait la Mascotte

I. — Faire une génoise avec 125 gr. sucre, 4 œufs, 100 gr. de farine, 100 gr. beurre à peine fondu. La cuire 25 minutes à feu doux.

II. — Cuire au filet, dans un poêlon en cuivre rouge, 150 grammes de sucre en morceaux et 1/2 gousse de vanille. Le verser bouillant et peu à peu sur 5 jaunes d'œufs très frais en remuant vivement au fouet. Battre l'appareil jusqu'à ce qu'il devienne léger, mousseux et blanchâtre.

III. — Incorporer à cet appareil, alors qu'il est encore tiède, 100 grammes de beurre fin frais ramolli à douce température. Lisser la crème au fouet.

IV. — Piler au mortier 50 grammes amandes et noisettes grillées sans rien y ajouter. Les réduire en pâte fine.

V. — Mélanger cette pâte à la crème au beurre déjà préparée et ajouter un verre à liqueur de bon kirsch nature.

VI. — Couper la génoise refroidie en trois tranches et la garnir de deux épaisses couches de crème en superposant les tranches de génoise.

VII. — Masquer entièrement la génoise de crème au beurre et la recouvrir d'amandes effilées, grillées au four et refroidies. Saupoudrer la mascotte de sucre vanillé.

VIII. — La mascotte terminée.

Il faut tailler des demi-lunes d'ananas très minces et en intercaler une entre chaque croûton en montant la croûte sur le plat. Pour tailler les demi-lunes d'ananas on partage l'ananas en deux dans le sens de la largeur comme le montre la figure 9. Couchez ensuite une moitié d'ananas sur la table après avoir enlevé la partie dure qui se trouve au milieu et dans toute la longueur de l'ananas. Il n'y a plus alors qu'à couper des tranches minces avec un couteau à lame longue et flexible comme le mon-

FIG. 9

tre la figure 10.

En dressant la croûte sur le plat,

FIG. 10

on intercale entre chaque croûton une tranche d'ananas qu'on laisse dépasser d'un centimètre les croûtons pour qu'elle soit apparente une fois la croûte dressée.

Il faut, de même que pour la croûte aux fruits, garnir le fond du plat de marmelade d'abricots réduite.

On coupe ensuite le reste de l'ananas en tranches minces d'abord, et en morceaux ensuite qu'on réunit dans une terrine et qu'on arrose de kirsch nature pour les faire macérer. Au bout d'une heure on peut lier ce salpicon avec une sauce abricots, et il ne reste plus qu'à verser cette garniture dans la croûte au moment de servir. La croûte ananas peut se servir chaude ou froide indifféremment. Quand on la sert chaude on peut ajouter au moment de la servir un petit morceau de beurre fin très frais qui donne un bon goût à la garniture.

Certaines personnes préfèrent le rhum comme parfum au kirsch, c'est tout à fait une affaire de goût, et les deux parfums sont également bons.

Le procédé décrit plus haut s'entend pour des ananas conservés au naturel. On trouve maintenant dans le commerce des ananas conservés au sirop et au kirsch qui sont tout découpés en tranches et qu'il suffit de lier avec un peu de marmelade d'abricots.

Quand on a un ananas frais il n'y a qu'à couper la tête et la queue et à le parer à vif pour supprimer tous les nœuds qu'il y a autour. On procède pour le reste comme il a été expliqué plus haut.

CROUTE AUX PÊCHES. — La croûte aux pêches se dresse tout à fait comme la croûte aux fruits ordinaire. Quand elle est dressée on la garnit sur le dessus de moitiés de pêches sur lesquelles on met encore une moitié de cerise demi-sucre pour décorer.

On prépare ensuite une garniture de pêches liée avec une sauce abricots au kirsch qu'on verse au milieu de la croûte au moment de servir. La croûte aux pêches peut se servir froide ou chaude à volonté.

On peut de la même manière faire des croûtes aux cerises, aux mirabelles, aux abricots, au raisin, et à tous autres fruits dont on dispose.

Pour la croûte aux cerises, dénommée plutôt croûte Montmorency, on lie les cerises avec une sauce groseilles parfumée au kirsch.

Pour préparer la sauce groseilles, on met dans un poêlon en cuivre rouge une certaine quantité de gelée de groseilles qu'on passe au tamis et qu'on allonge avec un peu de sirop, de jus de cerises ou d'eau, et on lui donne un léger bouillon pour bien la lisser. On la verse bouillante sur les cerises et on la parfume avec un verre à liqueur de kirsch nature.

Pour décorer le tour du plat des croûtes aux fruits, on peut cuire à four moyen des petits croûtons feuilletés en forme de triangles ou de demi-lunes.

On les dispose tout autour de la croûte, ce qui est d'un très joli effet.

Quand on sert la croûte aux fruits ou à l'ananas froide, on peut encore, au lieu de croûtons feuilletés, tailler des croûtons en gelée de pommes qu'on aura coulée entre des règles sur un papier huilé.

QUATORZIÈME LEÇON

DES ENTREMETS DE CUISINE (*fin*). — Cette leçon va clore le chapitre déjà long des entremets de cuisine. Non que j'aie ici donné les recettes de tous les entremets de cuisine, mais vous comprendrez aisément que je ne puis, sans vous importuner, allonger indéfiniment ce chapitre. J'y reviendrai plus tard.

DES FRUITS POCHÉS AU SIROP. — Je vais parler aujourd'hui des fruits pochés au sirop et servis sur lit ou avec garniture de riz, ou semoule

Un entremets classique dans ce genre est l'abricot à la Condé On appelle garniture Condé, la garniture de riz cuit au lait, sucré et lié aux jaunes d'œufs, qui accompagne et forme la base de tous les entremets aux fruits dits à la Condé.

La préparation du riz à la Condé est très simple, elle demande cependant une certaine attention car le riz doit être juste cuit à point. Il ne doit pas s'écraser et ne doit pas non plus être dur sous la dent.

Je vais m'efforcer de vous donner tous les renseignements possibles et je vous demande d'apporter une grande attention à ces observations si vous voulez obtenir un bon résultat.

En effet, le riz trop peu cuit est plutôt désagréable au goût et de plus très indigeste. D'autre part le riz trop cuit forme une masse compacte et un mastic innommable du plus mauvais aspect et presque immangeable.

Pour un entremets de huit personnes il faut environ 100 grammes de riz. Il y a plusieurs sortes de riz qu'on ne doit pas employer indifféremment. Les meilleures sortes sont les riz de la Caroline et les riz de Patna. Ces riz se reconnaissent à leur couleur très blanche, ils sont de plus transparents et le grain en est allongé et plutôt à arêtes que rond. On trouve encore dans le commerce le riz du Piémont et le riz d'Espagne, ces riz sont jaunes et les grains arrondis ne sont pas transparents comme ceux dits Caroline ou de Patna, nous n'en conseillons donc pas l'emploi.

Dans presque tous les livres de cui CREVER DU RIZ : **c'est le plus mauvais conseil qu'on vous puisse donner**, car *le riz cuit comme il faut doit rester entier.*

C'est une grave erreur, due à la routine et contre laquelle on doit s'élever. Les Chinois et les Indiens le savent du reste et considèrent comme une véritable profanation la manière de cuire le riz des cuisinières. Sans aller jusque-là je suis forcé de reconnaitre qu'ils savent mieux que nous apprêter le riz sous toutes ses formes. C'est dans un liquide non salé ni sucré (lait, eau, crème, bouillon) que le riz cuit le mieux.

Il convient tout d'abord de laver le riz à plusieurs eaux et de n'employer tout d'abord que du riz dont les grains sont bien entiers, les grains cassés faisant toujours très mauvais effet une fois cuits.

Le riz étant bien lavé, couvrez-le amplement d'eau fraiche et mettez la casserole sur le feu, au premier bouillon égouttez-le et rafraîchissez-le en plaçant la passoire fine sous le robinet. Égouttez-le convenablement pour qu'il n'y reste pas d'eau et remettez le dans la casserole, mouillez le avec un demi-litre de lait, aromatisez avec une demi-gousse de vanille et le cinquième d'un zeste de citron. Placez à nouveau la casserole sur le feu et remuez à la spatule de temps à autre jusqu'à ce que l'ébullition ait repris Couvrez alors la casserole d'un couvercle et poussez-la à l'entrée du four pendant une vingtaine de minutes.

Assurez-vous de temps en temps que le riz n'est pas à sec et qu'il reste bien entier. Prenez-en aussi quelques grains que vous goûtez. Aussitôt que le grain n'est plus dur sous la dent le riz est cuit.

Si la cuisson a été conduite à four doux comme il convient, le riz doit être à sec mais sans être desséché. S'il reste du lait dans la casserole c'est qu'on en a trop mis et il convient de l'égoutter, ce qu'on fait sur un tamis. On place alors celui-ci à l'étuve pour qu'il ressue, puis on le remet dans la casserole *Notez bien que cette opération ne se fait qu'autant qu'il reste du lait dans la casserole quand le riz est cuit*, mais ce n'est là qu'un pis-aller et mieux vaut n'y pas recourir en arrivant à une cuisson combinée en sorte que le riz soit cuit au moment où le lait est réduit à rien.

Le riz étant cuit enlevez la demi-gousse de vanille ainsi que le zeste de citron et cassez dans la casserole deux jaunes d'œufs très frais que vous mélangez vivement à la spatule. Mélangez encore 100 grammes de sucre en poudre. Mettez ensuite deux blancs d'œufs dans une bassine en cuivre rouge non étamée et montez-les en neige très ferme. Mélangez les encore à l'appa-

reil de riz ainsi qu'une légère pincée de sel. Beurrez alors un moule a savarin en forme de couronne et saupoudrez-le d'une pincée de farine. Garnissez le moule aux trois quarts de la hauteur avec cet appareil et placez-le au bain-marie dans une plaque à moitié pleine d'eau. Poussez le tout à four doux pendant 25 à 30 minutes pour que l'appareil de riz souffle et se solidifie.

Pendant ce temps préparez une compote d'abricots : pour 8 personnes il faut 20 abricots moyens. Il faut les choisir mûrs à point mais sans excès. Ouvrez-les en deux avec un couteau et enlevez les noyaux. Cassez-en la moitié et épluchez les amandes contenues à l'intérieur et réservez celles-ci.

Mettez alors dans un poêlon en cuivre rouge non étamé 500 grammes de sucre en morceaux que vous mouillez avec un demi-litre d'eau. Mettez le poêlon sur le feu et écrasez le sucre avec une écumoire, à la première ébullition écumez soigneusement le sirop et jetez-y les abricots émoyautés, mettez le poêlon de côté aussitôt que le sirop aura repris l'ébullition. Cinq minutes après égouttez les abricots avec une écumoire et déposez-les dans une terrine Faites réduire le sirop et versez-le bouillant sur les fruits. Il arrive souvent dans la préparation de la compote que les abricots forts mûrs s'écrasent et tombent en marmelade. Dans ce cas on les réserve, on les passe au tamis fin et on en fait une marmelade qui, étendue avec le sirop de la compote, servira de sauce à l'entremets et de liaison aux fruits composant la garniture.

Au bout de 25 à 30 minutes que la couronne de riz est au four elle est suffisamment cuite, il convient alors de tirer le moule du bain-marie et de le mettre à l'étuve à reposer un peu. En effet, tous les appareils légers au riz, à la semoule ou au tapioca gonflent beaucoup à la cuisson et, si on les démoulait aussitôt sortis du four ils s'affaisseraient car ils n'auraient pas la solidité qui leur est nécessaire pour se maintenir. Au contraire, en reposant à l'étuve ils retombent un peu et se tassent, ce qui leur donne de la solidité.

Quand la bordure de riz est ainsi reposée à l'étuve il convient de la démouler sur un plat rond en métal.

On dresse ensuite sur cette couronne de riz des moitiés d'abricots égouttées de la compote précédemment préparée.

Pour démouler la couronne de riz il convient de prendre certaines précautions pour ne pas l'abîmer. Cette recommandation est de toute utilité car, si la couronne était abîmée, l'entremets aurait forcément vilain aspect.

En effet, quand on verserait au milieu de cette couronne la garniture d'abricots elle s'écarterait et les fruits se répandraient tout autour ce qui serait du plus fâcheux effet.

On commence donc, pour démouler la couronne, par passer tout autour du moule et dans le haut la lame d'un petit couteau d'office pour couper les bavures qui auraient pu se produire sur les bords du moule soit au moulage soit pendant la cuisson.

Ceci fait on retourne un plat ou mieux une assiette sur le moule et on renverse celui-ci sur celle-là ; en maintenant bien le moule et l'assiette on secoue un peu les deux, ce qui a pour effet de détacher le riz et de le faire glisser du moule sur l'assiette. Quand vous aurez atteint ce résultat retournez le moule sur l'assiette et remplacez celle-ci par le plat, soulevez ensuite légèrement le moule pour vous assurer que le riz se détache bien. Enlevez alors complètement le moule et petit à petit

pour que la couronne ne se brise ni ne s'affaise.

Rangez alors sur cette couronne les moitiés d'abricots et au milieu de chacune mettez une cerise mi-sucre. Avec le reste des abricots préparez une garniture que vous liez avec un peu de marmelade et que vous parfumerez au kirsch. Envoyez à part une saucière de sauce abricot au kirsch et nappez l'entremets avec cette même sauce pour lui donner un beau brillant.

On peut encore procéder autrement pour le dressage du plat mais dans ce cas il convient de supprimer les deux blancs d'œufs battus en neige qu'on ajoute en dernier dans l'appareil au riz. Au lieu de 2 jaunes et de 2 blancs d'œufs battus en neige on met 3 jaunes d'œufs et on lie l'appareil en le remuant à la spatule sur un feu doux jusqu'à ce qu'il épaississe. Il ne faut pas qu'il arrive à l'ébullition car les jaunes coaguleraient et l'appareil serait grené.

Quand le riz est bien épaissi on le dresse en dôme au milieu d'un plat rond et on garnit ce dôme en accotant dessus et tout autour les moitiés d'abricots par couronnes successives se superposant en commençant par le bas pour finir en haut.

On termine en bouchant les trous laissés entre les abricots par une cerise mi-sucre et on dispose tout autour dans le haut des losanges d'angélique. En suivant les principes ci-dessus indiqués on peut préparer de même toutes sortes de fruits séparés ou encore une macédoine de fruits à la Condé.

Les figures 1 et 2 montrent le riz à la Condé servi sous deux aspects différents ; il sera donc loisible à chacun de choisir le mode de dressage qui lui conviendra le mieux. Pour ma part je crois que le riz servi en couronne fait mieux. Il n'y a pas très longtemps qu'on a pensé à alléger la garniture du riz en lui incorporant des blancs d'œufs fouettés en neige. primitivement on moulait le riz simplement lié aux jaunes d'œufs sans aucune addition pour l'alléger. Par goût personnel je préfère cette manière de faire, mais j'estime que je devais donner cette recette modernisée au goût du jour.

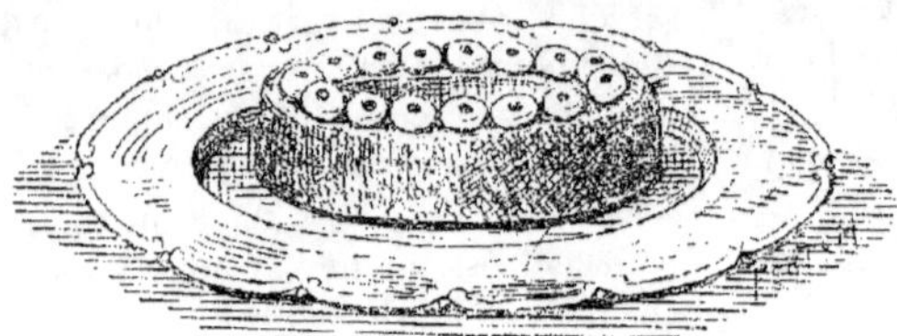

FIG. 1. — Abricots à la Condé servis en couronne.

Comme son nom l'indique cet entremets fut préparé dans les cuisines du grand Condé par Vatel de glorieuse et illustre mémoire, mais la recette initiale différait sensiblement de celle de nos jours Le riz n'y figurait même pas et était remplacé par la farine de maïs avec laquelle on faisait une purée cuite à la crème fraiche, cette purée était desséchée puis on en liait une partie aux jaunes d'œufs pour faire des croquettes et avec l'autre on faisait une bordure sur laquelle on dressait les abricots qu'on sauçait ensuite de marmelade d'abricots et qu'on entourait enfin avec les croquettes panées et frites. Comme on peut le voir par cette composition. le plat devait être très lourd et d'un aspect peu engageant et les cuisiniers qui ont suivi Vatel ont repris la recette et l'ont amélioré en substituent le riz à la farine de maïs D'autres de nos jours ont encore allégé cet appa-

reil au riz en lui incorporant des blancs d'œufs fouettés en neige. Que feront ceux de demain ?

FRUITS A LA COLBERT. — Colbert fut, chacun le sait, le contemporain de Condé. tous deux s'illustrèrent à leur manière et leurs cuisiniers honorèrent leur mémoire en donnant leur nom aux plats les plus en faveur de leur temps. L'appellation de Condé désigne tous les fruits servis avec garniture de riz et celle de Colbert désigne tous les entremets aux fruits servis avec garniture de semoule. Ces préparations présentent entre elles une grande analogie. La seule différence qui existe entre les deux sortes d'entremets est toute dans la cuisson de la semoule qui diffère de celle du riz En effet on ne blanchit pas la semoule et on la mouille moins que le riz car elle cuit plus vite. Une fois cuite on la fait dessécher à l'entrée du four de même que le riz, il va sans dire que pour ce faire on doit découvrir la casserole On tire ensuite la vanille et le zeste de citron et on lie la semoule avec quelques jaunes d'œufs, on la sucre et on y met encore une

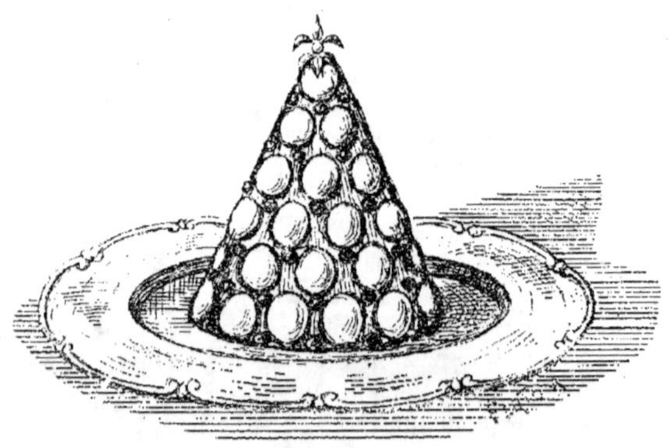

FIG. 2. — Abricots à la Condé servis sur pyramide de riz.

Comment se font les Palets de Dames

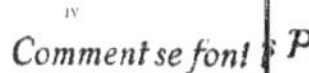

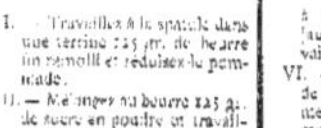

I. — Travaillez à la spatule dans une terrine 125 gr. de beurre un ramolli et réduisez-le pommade.

II. — Mélangez au beurre 125 gr. de sucre en poudre et travaillez le mélange à la spatule.

III. — Incorporez, un à un, deux œufs, en ayant soin de toujours travailler l'appareil en sorte qu'il soit bien lié.

IV. — Pesez 125 gr. de raisins de Smyrne et de Corinthe mélangés, hachez-les, et faites macérer dans deux verres à liqueur de bon rhum.

V. — Pesez et tamisez 150 gr. de farine, mélangez en la moitié à l'appareil, puis ajoutez un jaune d'œuf toujours en travaillant à la spatule.

VI. — Mélangez enfin le reste de la farine puis les raisins et mettez la pâte dans une poche munie d'une douille unie.

VII. — Dressez les palets de dames sur une feuille de papier posée sur une plaque en les espaçant de 5 centimètres en tous sens car ils s'étalent. Cuisez-les à four doux pendant 20 minutes environ.

VIII. — Décollez-les et dressez-les sur une assiette garnie dentelle en papier. — Ces petits fours sont excellents avec le thé.

pointe de sel De même que le riz on peut facultativement alléger l'appareil de semoule avec quelques blancs d'œufs fouettés en neige, on peut aussi le mouler dans des moules à bordure ou le dresser en dôme au milieu du plat On peut encore ne mouler ou ne faire le dôme qu'avec la moitié de l'appareil et avec le reste faire de petites croquettes qu'on pane et fait frire pour entourer le plat. Tous les fruits peuvent se préparer ainsi et se nomment comme nous l'avons dit plus haut : abricots, pêches, poires, pommes, reines-Claude, cerises, etc... à la Colbert. Ces entremets peuvent se servir chauds ou froids suivant la saison cependant disons de suite qu'ils sont meilleurs chauds.

PÊCHES FLAMBÉES AU KIRSCH. — Un très bon entremets chaud encore que celui-ci et qui se prépare vivement et facilement.

Pour 8 personnes prenez 12 belles pêches plutôt un peu fermes que trop mûres. Mettez à bouillir quelques litres d'eau dans une grande sauteuse et plongez-y les pêches entières, mettez alors la sauteuse sur le côté du fourneau et au bout de deux minutes égouttez les pêches avec une écumoire sur une serviette pliée en quatre. Avec un couteau d'office épluchez les pêches, si la peau ne se détache pas très bien remettez les un peu à l'eau bouillante en les surveillant de près.

Marquez (VII) dans un poêlon en cuivre rouge non étamé un sirop avec 500 grammes de sucre et un demi-litre d'eau, jetez y une gousse de vanille fendue en deux après l'avoir écumé soigneusement puis tirez-le hors du feu et mettez-y les pêches que vous pocherez sur le côté du fourneau jusqu'à ce qu'elles soient bien tendres.

Réservez les alors dans le sirop au bain-marie jusqu'au moment de servir. A ce moment égouttez-les et dressez-

les dans une timbale en métal, arrosez-les avec un quart de litre de bon kirsch nature et enflammez-le juste au moment de les passer sur table. Une fois le kirsch éteint, versez sur les pêches deux décilitres de marmelade d'abricots très claire. On peut préparer de la même manière des abricots, des reine-Claudes et des mirabelles ainsi que des poires et des pommes. On peut aussi préparer des cerises flambées mais il faut les énoyauter et une fois le kirsch éteint verser dessus deux décilitres de gelée de groseilles allongée au sirop.

FLAN DE POMMES A LA GÉNOISE. — Foncez un cercle à flans avec des roguures de feuilletage ou à défaut une bonne pâte brisée. Garnissez le d'un papier après l'avoir piqué et remplissez le de légumes secs ou de noyaux de cerises.

Cuisez-le à four moyen et préparez pendant la cuisson un appareil de riz à la Condé, sans blancs d'œufs battus en neige, dans lequel vous incorporez 50 grammes de beurre d'Isigny très frais. Garnissez la croûte de tarte à moitié de la hauteur avec cet appareil et laissez-le refroidir. Pendant ce temps épluchez six ou huit pommes de reinette ou à défaut de Canada gris, coupez les en quartiers minces en les jetant au fur et à mesure dans une grande terrine d'eau fraiche. Préparez un sirop avec 500 grammes de sucre et un demi-litre d'eau puis, quand il sera en ébullition, jetez y les quartiers de pommes pour qu'ils pochent légèrement sur le côté du fourneau. Quinze minutes avant de servir mettez le flan garni de riz à l'entrée du four et laissez-le réchauffer doucement.

Passez au tamis de crin très fin 375 grammes de grosses fraises bien mûres et recueillez la pulpe dans une terrine, sucrez la avec 250 grammes de sucre et mettez-la dans un poêlon en cuivre rouge non étamé. Placez le poêlon sur le feu et remuez le contenu à la spatule pour qu'il ne brûle pas au fond du poêlon. Égouttez les quartiers de pommes pochés au sirop et rangez-les sur le flan de riz : ils doivent être rangés aussi bien que possible pour faire un joli décor en rosace par exemple. Cuisez le sirop de fraises jusqu'à ce qu'il nappe bien la spatule et, avec une cuiller à bouche, couvrez-en le dessus du flan en sorte que les pommes soient bien nappées. Semez sur le dessus une pincée de pistaches finement hachées et fraîchement mondées.

Nous allons clore ce chapitre des entremets chauds par des recettes fondamentales des crêpes, beignets et gaufres

Certes, ce n'est guère la saison de faire des crêpes et des gaufres et nous sommes éloignés déjà des jours gris de carnaval et de la mi-carême. Cependant je suis sûr que toutes seront contentes de trouver là ces recettes qu'elles rechercheront en temps voulu.

LES CRÊPES. — A tout seigneur tout honneur, commençons par les crêpes. La préparation des crêpes varie suivant les régions où on la prépare, je donnerai donc seulement une recette éprouvée par moi et donnant des crêpes d'une grande succulence.

PROPORTIONS : 250 grammes de farine ; 5 œufs ; 1/2 litre de lait ; 1/2 litre de crème fraîche ; 1 verre à liqueur de rhum ou cognac et une pincée de sel.

PROCÉDÉ. — Dans une terrine de porcelaine déposez la farine et faites-la remonter sur les bords pour former une fontaine au milieu de laquelle vous cassez les œufs. Commencez à délayer la farine à la spatule en la prenant petit à petit pour qu'il ne se forme pas de grumeaux. Mettez dans la pâte la pincée de sel, puis une fois qu'elle sera

bien lisse commencez à y incorporer d'abord la crème par très petite quantité, puis le lait et enfin le rhum ou le cognac. Certaines personnes parfument les crêpes à la fleur d'oranger, le parfum est certes très agréable mais je crois que les crêpes digèrent moins bien qu'avec du rhum ou du cognac. Quoi qu'il en soit je n'ai pas la prétention de dire que les crêpes que vous confectionnerez avec ma recette seront légères à l'estomac, et je ne conseille pas aux personnes qui ont l'estomac délicat d'en user sans modération. Toutefois, dans le but de leur être agréable je vais vous donner une recette qui a donné les meilleurs résultats à des personnes qui se privaient depuis longtemps de ce délicieux régal. Préparez la pâte à crêpes ci-dessus indiquée et laissez-la reposer pendant au moins une heure. Clarifiez pendant ce temps environ 100 grammes de beurre dans une petite casserole et réservez-le au chaud.

Pesez dans une petite terrine 100 grammes de beurre fin très frais, du beurre d'Isigny si possible, et placez-le à un endroit modérément chaud pour qu'il ramollisse sans fondre cependant. Quand il sera ramolli, travaillez-le à la spatule et incorporez-y d'abord 100 grammes de sucre glacé et un décilitre de fine champagne aussi vieille que possible et enfin quelques gouttes de jus de citron en observant bien de ne pas y laisser tomber de pépins. Réservez cet appareil au frais : Nettoyez minutieusement deux petites poêles et versez dans chacune un peu de beurre clarifié faites-les chauffer sur la plaque rougie du fourneau et renversez le beurre qui ne doit pas être en excès dans la poêle. Versez dans la poêle aussi peu de pâte que possible juste pour en couvrir le fond en tournant la poêle dans tous les sens, s'il s'y forme des trous, garnissez les d'une goutte de pâte et placez la poêle sur le feu très vif ; un moment après donnez un coup brusque sur la queue de la poêle et la crêpe sautant en l'air retombera de l'autre côté dans la poêle où elle se dorera et finira de cuire. Versez alors une cuillerée de pâte à crêpes dans la seconde poêle beurrée et chauffée comme la première et placez-la en plein feu. Pendant ce temps la première aura fini de cuire, faites-la glisser sur un plafond et mettez dessus gros comme une petite noix de l'appareil à la fine champagne décrit plus haut, étalez-le au couteau pliez vivement la crêpe en quatre et tenez-la au chaud. Comme on le voit par cette description, il n'y a pas de temps à perdre et en opérant avec deux poêles on aura vite un assez grand nombre de crêpes. Il faut les servir très chaudes, brûlantes si possible.

Ainsi préparées, les crêpes sont moins indigestes que celles simplement poudrées au sucre.

Dans les régions du Midi on fait entrer dans la pâte à crêpes une certaine quantité d'huile et on les cuit également à l'huile.

GAUFRES. — Les gaufres sont non moins célèbres que les crêpes et tous, petits et grands, mais surtout les petits, ont éprouvé grande joie en regardant les grand'mères faire les gaufres à la flamme pétillante des sarments. Nous donnons ci-dessous une recette qui donne de très bons résultats.

Déposez dans une terrine 250 grammes de sucre en poudre avec le zeste d'un citron, une cuillerée d'eau de fleurs d'oranger. Cassez dessus deux œufs, et travaillez bien le tout à la spatule pour avoir un appareil léger, mousseux et

blanchâtre. Mélangez-y alors 250 grammes de farine tamisée puis 125 grammes de beurre fin fondu. Etendez alors cette pâte avec du lait tiède jusqu'à consistance de crème. Chauffez un gaufrier, et nettoyez-le bien. Laissez reposer la pâte pendant deux heures et lissez la bien au fouet avant de commencer la cuisson des gaufres. Chauffez alors et versez dedans une cuillerée de pâte juste pour le couvrir. Fermez-le et présentez-le à la flamme. Avec un couteau, ébarbez les bavures et retournez le gaufrier, quand la gaufre est cuite d'un côté.

Sortez-les une fois cuites et parez-les avec les ciseaux pour enlever les bavures du moule. Poudrez les de sucre vanillé et servez chaud.

BEIGNETS. — Les beignets se préparent avec toutes sortes de fruits, crèmes, fleurs ou autres appareils qu'on trempe dans une pâte à frire ainsi préparée.

Délayez 10 grammes de levure avec de l'eau tiède, puis ajoutez 250 grammes de farine, deux œufs, une cuillerée à bouche d'huile, un peu de sel. Laissez monter cette pâte jusqu'à ce qu'elle ait doublé de volume et réservez-la au frais. Certaines personnes n'aiment pas la saveur aigrelette que conserve cette pâte à frire, dans ce cas on supprime la levure et on délaie la farine avec 4 jaunes d'œufs et du lait ; au dernier moment on ajoute les 4 blancs d'œufs battus en neige.

On trempe les tranches de fruits dans cette pâte et on les jette à grande friture chaude pour les égoutter aussitôt que la pâte est dorée à point.

Les beignets se poudrent au sucre glace et se dressent en buisson sur un plat garni d'une serviette.

QUINZIEME LEÇON

LES BISCUITS A LA CUILLER. — Il se fait de nombreuses sortes de biscuits secs et frais, entre toutes les biscuits à la cuiller sont les préférés car ils sont meilleurs et se conservent tels un certain temps si on prend à cet égard les précautions nécessaires.

La préparation des biscuits à la cuiller est d'une grande simplicité, mais il y a nombre de précautions *indispensables* à prendre pour en assurer la réussite certaine et c'est pourquoi j'ai jugé bon de faire de cette recette le sujet de cette leçon.

Je donne ici la recette d'une petite quantité qu'on pourra facilement augmenter en doublant, triplant et quadruplant même toutes les proportions indiquées.

Les biscuits à la cuiller se conservent, mais cependant *ils sont meilleurs consommés frais*, vous agirez donc sagement en les fabriquant par petite quantité et souvent.

PROCÉDÉ :

125 grammes de sucre en poudre.
100 grammes de farine tamisée.
4 œufs très frais.
Zeste de citron, vanille ou eau de fleurs d'oranger.

PROCÉDÉ : Déposez dans une terrine 125 grammes de sucre en poudre, le sucre semoule est celui qui convient le mieux pour cet apprêt. Certains praticiens aussi emploient le sucre cristallisé ; c'est aussi bien, ils le font surtout parce que la pâte de biscuit a besoin d'être longtemps battue et travaillée à la spatule. En prenant du sucre cristalisé, on est forcé de travailler le biscuit jusqu'à ce qu'il soit fondu ce qui est assez long. On est donc sûr en l'employant ou le faisant employer que le biscuit sera suffissament battu. Cette méthode est surtout employée en fabrique où chaque travail ne peut être l'objet d'une surveillance constante.

Faisant les biscuits vous mêmes, par distraction, vous aurez à cœur de les bien réussir et point ne sera besoin de recourir à ce subterfuge pour obtenir une pâte légère comme il convient de l'avoir.

La figure 1 montre la bassine ronde contenant le sucre. Celui-ci sera écarté avec la spatule pour former une fontaine. Au milieu de cette fontaine vous déposerez d'abord un jaune d'œuf. Les œufs auront été choisis gros. Ils doivent peser 60 grammes au moins S'ils étaient plus petits, soit de 50 grammes, il faudrait en prendre cinq au lieu de quatre.

La figure 2 montre comment on clarifie les œufs. On brise la coquille sur le bord d'un bol, puis on l'ouvre en ayant soin de recueillir le jaune dans une moitié de la coquille. Le blanc tombera dans le bol, on peut l'aider à y tomber en le coupant par simple pression du doigt sur le bord de la coquille. Pour la bonne réussite des biscuits et surtout pour leur légèreté Il convient de ne pas laisser de blanc dans les jaunes car les blancs battus en neige raffermissent la pâte de biscuit et l'allègent. Cette recommandation est donc essentielle. Quand on aura mis un jaune d'œuf au milieu de la bassine, on commencera à mélanger *très peu* de de sucre à la spatule. Il faut éviter de vouloir en mélanger trop car la pâte serait dure et le jaune d'œuf, au contact du sucre, durcirait et formerait des croûtes dures qui subsisteraient même après la cuisson du biscuit. On dit dans ce cas que la pâte de biscuit est grainée et que les jaunes ont été brûlés.

Quand on a obtenu une pâte de consistance molle, il convient d'ajouter un deuxième jaune d'œuf. Il faut avoir soin de mélanger le jaune d'œuf à la pâte déjà formée aussitôt qu'il est déposé dans la terrine, car en restant trop longtemps en contact avec le sucre en poudre, toute la partie qui y touche *se brûle* exactement comme si on avait fait une pâte trop ferme dès le début. Travaillez bien cette pâte de biscuit à la spatule comme le montre la figure 3 Il faut travailler vigoureusement la pâte qui doit devenir légère, mousseuse et blanchâtre. Ajoutez au bout d'un moment le troisième jaune d'œuf et travaillez de nouveau la pâte pendant au moins cinq minutes et en incorporant le sucre petit à petit. On peut incorporer tout le sucre aux trois jaunes d'œufs sans risquer de brûler la pâte. En aucun cas, on ne doit mettre deux jaunes d'œufs coup sur coup sans travailler le biscuit, car en agissant ainsi on coupe le corps de cette pâte, ce qui nuit au résultat final. A aucun moment la pâte ne doit être liquide et jaune foncé. Il convient donc de travailler le biscuit pendant au moins cinq minutes avant d'ajouter un autre jaune d'œuf. Pesez 100 grammes de farine de gruau et faites-la sécher à l'entrée du four ouvert avant de la tamiser. En effet, si on opère avec de la farine humide, elle se reforme en grumeaux aussi

tôt tamisée et se mélange mal. On est forcé de trop mélanger, ce qui fait retomber la pâte et l'alourdit.

Quand la farine est bien séchée *sans cependant être colorée*, on la tamise au travers d'un tamis de fer ou de crin pour la rendre très fine et la débarraser en même temps des impuretés qu'elle pourrait contenir. On la pèse à nouveau pour s'assurer qu'il y a bien le poids voulu.

Quand la pâte de biscuit aura été bien battue on ajoutera le quatrième jaune d'œuf et une cuillerée à café d'eau de fleurs d'oranger, ou le zeste d'un quart de citron ou d'orange ou encore une pincée de sucre vanillé suivant le goût. L'addition du dernier jaune d'œuf a pour effet de ramollir la pâte et il faut la travailler à nouveau pour bien la blanchir et la ramener à son point de consistance et à sa couleur blanche. Il convient, quand c'est fait, de battre les blancs d'œufs en neige très ferme. Les blancs d'œufs se battent dans une bassine en cuivre rouge *non étamée*, de forme demi sphérique au moyen d'un fouet en fil de fer. Pour que les blancs d'œufs soient fermes, il faut tout d'abord qu'ils ne contiennent pas la moindre parcelle de jaune d'œuf, c'est pourquoi on agira sagement en se servant de deux bols pour clarifier les œufs en sorte que si on crève un jaune d'œuf et qu'il en tombe dans le blanc on puisse réserver ce blanc d'œuf pour un autre usage et en préparer un autre. Les blancs d'œufs ainsi clarifiés isolément sont mis un par un dans le deuxième bol ce qui assure de ne gâter qu'un blanc, au lieu qu'en opérant avec un seul bol, il peut se faire que le dernier jaune d'œuf crève et ne souille en tombant dans le bol tous les blancs qui y sont déjà. Il est inutile, je pense, de recommander de flairer tous les œufs en les cassant ou en les clarifiant car il arrive, surtout à certaines époques de l'année, qu'on ait, au milieu d'œufs très frais, des œufs couvés ou sentant la paille. Ces œufs doivent être écartés sans hésitation de toute préparation culinaire ou de pâtisserie. La propreté des bols, de la bassine et du fouet doit être aussi méticuleuse. La bassine en cuivre sera préablement astiquée au sable fin pour bien la débarrasser des oxydes qui s'y forment, Elle sera, en outre, rincée à l'eau claire de même que le fouet qui ne devra, pour bien faire, servir à aucun autre usage.

Un fouet ou une bassine grasse vouent le préparateur à un échec certain ; on ne saurait donc trop recommander de veiller avec un soin minutieux au nettoyage de ces ustensiles.

Pour avoir des blancs d'œufs très fermes, il faut encore n'employer que les œufs de poules, car les œufs de canes sont gras et le blanc ne peut se battre en neige. Un œuf de cane sur dix suffit pour les graisser. Les œufs de canes se distinguent des œufs de poules soit par leur couleur verdâtre ou par la coquille qui est beaucoup plus lisse et presque transparente. Il vaut mieux aussi, une fois qu'on les aura rincés à l'eau claire, laisser égoutter le fouet et la bassine que de les essuyer. On met ensuite les blancs d'œufs dans la bassine et on commence à les fouetter doucement sans heurter les parois et en soulevant bien le fouet. Si on voulait les fouetter trop vite et trop fort on couperait leur corps et ils ne seraient pas assez fermes. On les fouette donc progressivement et en accélérant le mouvement au fur et à mesure que l'opération s'avance et en soulevant toujours bien le fouet. Chacun sait que le blanc d'œuf augmente de volume par l'air qu'on y emmagasine. Donc plus on soulèvera le fouet et mieux cette opération se fera. Il faut aussi

observer de bien réunir tous les blancs d'œufs dans la partie basse de la bassine qu'on tient inclinée à cet effet. Il ne faut pas que toute la bassine soit embarbouillée et on doit ramener au fouet toutes les parcelles qui s'égarent de la masse. Au commencement, quand les blancs d'œufs sont liquides ils y retombent d'eux-mêmes mais c'est quand ils raffermissent qu'il convient de les bien réunir. Il faut aussi que le fouet englobe toute la masse car la partie qui resterait immobile ne manquerait pas de grainer ce qui serait du plus mauvais effet pour la réussite finale. Aux trois quarts de l'opération quand les blancs sont déjà bien raffermis et de belle couleur blanche il faut les serrer. Pour cela faire on imprime un mouvement de rotation aussi précipité que possible en réunissant tous les blancs dans le fond de la bassine. La figure montre comment doivent être fermés les blancs d'œufs, on remarquera la mince aiguillette qui se tient ferme malgré sa position horizontale. C'est le résultat qu'il faut atteindre. En aucun cas on ne doit mélanger au biscuit des blancs d'œufs qui ne seraient pas très fermes car la pâte serait molle et les biscuits s'étaleraient dès qu'on les dresserait et seraient plats comme des galettes après la cuisson.

Quand les blancs seront très fermes commencez à mélanger aux jaunes la moitié de la farine tamisée puis un peu des blancs d'œufs battus pour alléger la pâte. Finissez ensuite de mélanger la farine mais cela très légèrement pour ne pas faire retomber la pâte. Avant de mélanger tous les blancs d'œufs détachez avec la corne la pâte ferme qui adhère à la spatule puis mélangez le reste des blancs d'œufs et cela aussi légèrement que possible pour ne pas alourdir et ramollir la pâte.

A l'aide de la corne emplissez alors

Comment se font les Biscuits à la cuiller

I. — Pesez 125 grammes de sucre et renfermez-en une partie dans une terrine ou une bassine.

II. — Clarifiez deux œufs et mettez les un par un en travaillant bien la pâte à la spatule.

III. — Mettez un à ou deux autres jaunes d'œufs et battez la pâte pour qu'elle devienne très légère.

IV. — Battez les blancs d'œufs en neige très ferme et mélangez-les avec 100 grammes de farine à l'appareil.

V. — Garnissez une poche de cette pâte et dressez les en bâtons de 10 à 12 c/m. de long sur des feuilles de papier blanc ou de carton mince.

VI. — Poudrez à deux reprises avec du sucre glace.

VII. — Secouez le sucre et posez les feuilles sur plaques. Cuisez de 18 à 25 minutes à four moyen.

VIII. — Décollez les biscuits refroidis et rangez-les dans un bocal en verre ou une boîte en fer blanc.

une poche munie d'une grosse douille unie avec l'appareil et évitez de trop le travailler car cela le ferait retomber. La douille doit avoir à sa petite ouverture le diamètre approximatif d'une pièce de cinquante centimes. Les biscuits à la cuiller peuvent se cuire indifféremment sur papier, sur plaques cirées ou sur feuilles de carton mince. On les dresse en bâtons de onze à douze centimètres environ de longueur et en les espaçant d'au moins six centimètres car ils gonflent à la cuisson et ne doivent pas se toucher. Si on opère sur plaques cirées on aura nettoyé celles-ci minutieusement et on les aura cirées selon les indications qui ont été données dans la deuxième leçon du « Cours de Pâtisserie ». Si on les cuit sur papier on disposera les feuilles une par une sur une plaque en tôle bien essuyée et surtout pas grasse. En tous cas les plaques doivent être froides car les biscuits dressés sur des plaques chaudes ramollissent très vite ce qui nuit à leur aspect et peut les faire décoller quand on les retourne pour faire tomber l'excédent du sucre. Si au contraire on les dresse sur feuilles de carton on peut disposer celles-ci sur la table et ne les déposer sur plaques qu'au moment de les cuire. Pour ma part je préfère les biscuits cuits sur papier ou sur carton car ils sont plus moelleux n'ayant pas de fond comme lorsqu'on les cuit sur plaques cirées. Certaines personnes au palais délicat prétendent aussi que les biscuits conservent encore un petit goût de cire. J'avoue que pour ma part n'utilisant jamais que de la cire vierge et cela en quantité infinitésimale je ne me suis jamais aperçu de cet inconvénient et si je préfère les biscuits cuits sur carton ou sur papier c'est pour la seule raison que j'ai expliquée plus haut. La figure 5 montre comment on dresse les biscuits, comment il convient de les espacer et comment on doit tenir la poche.

Tous les biscuits étant dressés on met du sucre glace sur un tamis et, en tapotant légèrement sur le côté du bois, on poudre d'abord très légèrement les biscuits et on attend quelques minutes que cette première couche de sucre soit fondue. On les poudre de nouveau et plus copieusement. La figure 6 montre comment on poudre les biscuits au tamis. On peut aussi les poudrer à l'aide de la boîte à poudrer communément appelée glacière dans tous les laboratoires de pâtisserie. Le tamis a l'avantage d'aller plus vite que celle-ci, c'est pourquoi on le recommande. Il est indispensable d'opérer avec du sucre glace pour avoir des biscuits bien perlés.

Quand on a fini de poudrer tous les biscuits pour la seconde fois on peut les secouer pour faire tomber tout l'excédent de sucre. Pour cela on prend la feuille par les deux coins du même côté et on la soulève par saccades ce qui envoie le sucre au milieu de la feuille. En la soulevant complètement le sucre tombe sur la table ou sur une plaque. On recommence plusieurs fois jusqu'à ce qu'il n'y ait plus de sucre du tout et on dépose la feuille sur une plaque propre et froide en la prenant par les deux coins opposés comme le montre la figure 7. Les biscuits à la cuiller se cuisent à four moyen. Si le four est trop chaud les biscuits colorent, le sucre caramélise et les biscuits ont un vilain aspect. Si au contraire le four n'est pas assez chaud les biscuits dessèchent et restent pâles. Il faut donc un four de moyenne chaleur. Il faut environ dix-huit à vingt-cinq minutes de cuisson selon la chaleur du four. Quand on cuit les biscuits sur plaque cirées il faut les doubler c'est à dire mettre une deuxième plaque dessous pour empêcher qu'ils colorent en dessous. Quand on les cuit sur carton ou sur papier cette précaution est inutile le papier étant, chacun le sait un très bon isolant pour la chaleur comme pour le froid. Il va sans dire qu'on ne doit jamais employer que du papier ou du carton blanc et jamais de papiers de couleur qui contiennent des matières colorantes plutôt nuisibles pour la santé.

On ne doit jamais, non plus, employer des papiers manuscrits ou imprimés, vu la composition des encres qui les recouvrent.

Quand les biscuits sont cuits on les sort du four et on les laisse refroidir en dehors des plaques quand ils sont cuits sur carton ou sur papier et on les décolle aussitôt refroidis.

Si au contraire on les a cuits sur plaques cirées il faut les décoller aussitôt sortis du four au moyen d'un couteau à lame longue et flexible comme le montre la figure 8. Il y a encore plusieurs observations relatives à la cuisson et non de petite importance. Vous remarquerez à la pratique que les derniers biscuits sont toujours plus mous que les premiers quand on les dresse. Si donc vous ne disposez que d'un four de cuisine de petite taille ne vous permettant de cuire qu'une plaque de biscuits à la fois, il faut commencer par cuire ceux que vous aurez dressés à la fin car les autres étant plus fermes peuvent mieux attendre sans dommage. Il faut aussi, quand vous poudrez les biscuits, observer de ne pas trop mettre de sucre dessus car l'excès de sucre pesant sur les biscuits suffit pour les affaisser. Pour la même raison les biscuits dressés en dernier lieu doivent être poudrés plus légèrement que les autres. Il faut aussi, quand on les secoue, apporter plus d'attention si possible que pour les autres car vous pourrez les aplatir en les secouant ou en les posant trop brusquement.

Certains praticiens ont essayé de faire des biscuits dits à la violette en mélangeant à la pâte une certaine quantité de poudre d'iris dont tout le monde connait la grande similitude de parfum avec la violette ; ces biscuits sont assez agréables au goût. La proportion de poudre d'iris est de 20 grammes par demi-livre de sucre, on met cette poudre tout au commencement de la confection de la pâte.

Un autre moyen que nous estimons meilleur pour donner le parfum de violette aux biscuits consiste à les ranger dans une boîte en fer blanc hermétiquement close ou encore dans un bocal en verre au fond duquel on aura mis une couche d'ouate arrosée de quelques gouttes d'essence de violette **confiseur.** Au bout de deux jours les biscuits seront imprégnés de cette agréable odeur et on aura l'avantage de n'avoir mélangé aucune matière étrangère comme le talc ou l'amidon qui entrent dans la composition des poudres d'iris qu'on trouve dans le commerce.

J'insiste sur l'emploi de l'esssence de violette confiseur qui n'a aucune analogie avec les essences de parfumeur qu'on vend pour la toilette ou le mouchoir. Ces essences ont un mauvais goût de pommade qui est tout à fait incompatible avec les produits destinés à être consommés.

N'achetez donc d'essence de violette pour cet usage que *chez le confiseur.* Elle a une grande force de parfum et il en faut très peu. Elle est aussi beaucoup moins volatile et son parfum persiste beaucoup plus longtemps. Certaines personnes même ayant apprécié ces qualités de finesse et de force se fournissent de cette essence pour les besoins de leur toilette. Nous ne pouvons qu'encourager nos lectrices à en faire l'essai.

Les biscuits à la cuiller se conservent longtemps mous quand on a eu soin de les enfermer dans un bocal en verre ou dans une boîte en fer blanc qu'on place ensuite à l'abri de la chaleur et de l'humidité.

On peut, dans le fond du bocal ou de la boîte, mettre deux ou trois gousses de vanille qui parfumeront très agréablement les biscuits.

On les a nommés biscuits à la cuiller parce que, précédemment, on les dressait avec une cuiller à soupe, avant que les poches aient été employées dans la pâtisserie. D'anciennes maisons ont gardé cette manière de faire et vendent les biscuits tels qu'on les faisait dans l'ancien temps. Ils les vendent sous les noms de biscuits Duchesse ou biscuits Princesse.

Ces biscuits, quoique présentant une grande analogie avec les biscuits à la cuiller, ne doivent tout de même pas être de même composition. Les véritables biscuits Princesse ou Duchesse contiennent moins de farine que les biscuits à la cuiller. Il ne faut en mettre que 200 grammes par livre de sucre au lieu de 400 grammes comme c'est indiqué dans la recette ci-dessus. Ces biscuits doivent être dressés à la cuiller de forme pointue aux deux bouts. Ils sont beaucoup plus moelleux que les biscuits à la cuiller et se tiennent plus longtemps frais. Pour les dresser on prend une cuillerée de pâte et on la dépose sur la plaque cirée ou la feuille de papier ou de carton en l'allongeant avec la cuiller elle-même d'abord en avant, puis en arrière. Avec un peu de pratique on arrive vite à un assez bon résultat, mais c'est plus vite fait d'apprendre à dresser les biscuits cuiller à la poche que les biscuits Duchesse à la cuiller. La préparation de la pâte de biscuit est exactement la même et le parfum est également facultatif. Les biscuits Duchesse demandent un four moins chaud que les biscuits à la cuiller. Leur teneur en sucre étant plus grande il faut un four

plus modéré autrement ils coloreraient très vite au four. Ces biscuits se cuisent aussi un peu moins que les autres.

LES BISCUITS MOULÉS. — Dans certaines régions on fait aussi des biscuits moelleux en moules ayant une grande analogie avec les biscuits à la cuiller. Ces biscuits sont plus légers encore que ceux ci, aussi doit-on les consommer très frais, car ils sèchent vite.

PROPORTIONS :

    125 grammes de sucre,
    180 grammes de farine,
    6 œufs.

Parfum. — Vanille, fleur d'oranger ou zeste de citron.

PROCÉDÉ. — Le procédé de fabrication des biscuits moulés est le même exactement quant à la préparation de la pâte et les recommandations faites ci-dessus pour la préparation de la pâte à biscuits à la cuiller s'appliquent toutes à celles ci.

Ces biscuits se cuisent dans des moules de forme trapézoïdale comme le montre la figure 1.

FIG. 1. — Moule à biscuits.

Les moules sont en fer-blanc, ils doivent être d'une grande propreté et très secs. On les beurre légèrement au beurre clarifié, puis on les saupoudre d'un léger nuage de fécule de pommes de terre.

Quand la pâte de biscuit est prête on range les moules sur la table en les faisant se toucher puis on les garnit aux 2/3 de leur hauteur soit à la poche munie d'une grosse douille unie, soit à la cuiller ou encore à la corne. Qand toute la pâte est moulée on enlève les moules qui ne sont pas garnis et on poudre très légèrement les biscuits avec du sucre glace soit à la glacière ou au tamis comme cela a été indiqué dans la recette précédente. On laisse fondre cette première couche de sucre pendant quelques minutes puis on poudre à nouveau et cette fois un peu plus fortement. Il faut alors enlever l'excédent de sucre. Pour ce faire on prend un moule à biscuit de chaque main et on les tape l'un contre l'autre et fond contre fond pour faire tomber tout le sucre. On les range alors symétriquement sur une plaque en les espaçant de deux centimètres pour qu'ils ne se touchent pas en gonflant à la cuisson.

Il faut, pour cuire ces biscuits, un four de chaleur sensiblement égale à celle qu'exige les biscuits à la cuiller.

Ces biscuits étant moulés dans des moules en fer blanc, il n'y a pas lieu de mettre deux plaques dessous, car ils sont suffisamment protégés avec une seule et le moule. Quand les biscuits sont cuits on les démoule en passant entre eux et le moule la lame d'un petit couteau d'office et on les dépose sur des grilles où on les laisse refroidir. Il arrive parfois que ces biscuits se démoulent mal. Il n'y a que deux causes à cela si les moules étaient bien secs avant l'emploi. 1° On a mal beurré les moules et 2° on n'a pas assez mélangé la pâte et celle-ci est trop légère.

Dans un cas comme dans l'autre il n'y a rien à faire. Apportez donc une grande attention quand vous beurrez les moules. Il faut du beurre partout et il en faut très peu. Quand vous mélangez la pâte vous pouvez le faire un peu plus longuement que pour les biscuits à la cuiller sans cependant la faire retomber. Ces biscuits étant moulés il y a moins à craindre qu'ils s'affaissent si la pâte est un peu molle.

Les biscuits moulés se conservent aussi en boîtes de fer blanc pour qu'ils n'adhèrent pas ensemble. *Ne ranger les biscuits que quand ils sont bien refroidis.* Dans la prochaine leçon je traiterai des biscuits de Reims et des biscuits à Champagne.

SEIZIEME LEÇON

DES BISCUITS DE REIMS ET DES BISCUITS A CHAMPAGNE. — A Reims il se fabrique de nombreuses sortes de biscuits dont la composition varie avec les prix de vente. Ils sont plus ou moins fins ; certaines qualités même contiennent du carbonate d'ammoniaque, du bicarbonate de soude, de l'albumine et de la gomme adragante. Ces pratiques ne seraient pas excusables si ce n'était le prix de vente dérisoire auxquels ces biscuits sont vendus.

Nous avons vu vendre des paquets de 12 biscuits à 0 fr. 20 le paquet ; si on compte que le vendeur a sur ce prix son bénéfice et que le fabricant doit payer un représentant qui visite la clientèle, on voit ce qu'il reste pour le prix de la marchandise, une fois qu'on aura encore déduit le prix des enveloppes (plutôt luxueuses) et le risque de perte d'argent des clients insolvables. Nous ne nous occuperons pas de ces biscuits ordinaires, relevant plutôt de la chimie que de la pâtisserie, si ce n'est pour vous recommander de n'en pas user, et nous traiterons une seule recette, la meilleure que nous connaissions, celle des biscuits fins façon Reims puisque ne peuvent être dénommés biscuits de Reims que ceux fabriqués dans cette ville.

PROPORTIONS :

325 grammes de sucre :
6 œufs frais de taille moyenne :
275 grammes de farine :
25 grammes de sucre vanillé.

PROCÉDÉ. — Déposez dans une bassine en cuivre rouge non étamée le sucre en poudre. Clarifiez les œufs un par un et jetez les jaunes dans le sucre. Battez les jaunes au fouet en mélangeant le sucre petit à petit. Quand tout le sucre aura été ainsi mélangé, placez la bassine sur les cendres chaudes, ou sur une plaque ronde, ou sur une sauteuse à moitié pleine d'eau bouillante, ou simplement sur le côté du fourneau. Ne cessez pas de battre cet appareil pour le rendre léger, mousseux et blanchâtre, puis, quand il commencera à prendre de la consistance, ajoutez un blanc d'œuf et travaillez-le à nouveau. Surtout ne chauffez pas trop la pâte qui doit être seulement à peine tiède. L'appareil étant épaissi de nouveau, ajoutez-lui un blanc d'œuf et procédez ainsi jusqu'à ce que vous ayez employé la totalité des blancs. Observez bien surtout de ne pas en mettre plus d'un à la fois car en agissant autrement vous couperiez le corps de la pâte et vous perdriez ainsi le bénéfice du précédent travail. Ce n'est qu'après un assez long temps que l'appareil reprendrait son corps et vous vous retarderiez en ayant voulu trop avancer. Cette recommandation est importante et de son observation dépend la réussite des biscuits de Reims. L'appareil, d'une grande légèreté, est plus délicat qu'un appareil ordinaire. Pendant que vous battrez la pâte vous ferez sécher la farine à l'entrée du four sur une feuille de papier pour qu'elle rende toute son humidité. Quand elle sera bien sèche, tamisez-la et tamisez en même temps le sucre vanillé. On agit ainsi par prudence ; en effet, si on ne séchait pas sa farine, celle-ci, même après avoir été tamisée et pendant le mélange se formerait en grumeaux qui ne se mélangeraient pas à la pâte et il en résulterait un double inconvénient. En mangeant les biscuits on trouverait ces grumeaux entiers, ce qui serait du plus vilain effet. De plus, cette partie de farine non mélangée manquerait à l'appareil qui serait trop léger, ce qui pourrait faire que les biscuits retomberaient au four ou tout au moins qu'ils se démouleraient mal et se briseraient. On doit encore veiller à ce que les œufs ne soient pas trop gros, cette recette comporte des œufs d'environ 50 à 55 grammes au plus pesés avec la coquille. S'ils étaient plus gros, il faudrait en diminuer le nombre et n'en mettre que 5 s'ils pèsent 65 à 70 grammes et supprimer un jaune ou un blanc s'ils pèsent 60 à 65 grammes. Dans la fabrication industrielle, à Reims même, on arrive à une plus grande régularité dans la préparation des pâtes, car on mesure les œufs cassés au lieu de compter les œufs entiers, mais ceci n'est bon que pour les fabricants préparant de grosses quantités de pâte à la fois et vous vous accomoderiez mal de telles proportions. Observez donc bien la grosseur des œufs, car s'ils étaient trop gros les biscuits retomberaient à la cuisson ou se démouleraient mal, et vous n'auriez que des morceaux de biscuits, ce qui n'est pas agréable, convenez en.

Quand vous aurez incorporé tous les blancs d'œufs à la pâte et que celle-ci aura pris la consistance d'une pâte de biscuit ordinaire, il faudra mélanger la farine séchée et tamisée comme il a été dit plus haut.

Pour ce faire, sortez le fouet de l'appareil et détachez bien la pâte qui adhère autour des fils. Il y a pour cela plusieurs moyens. Couramment on passe le fouet, grossièrement égoutté, dans la farine pesée pour le biscuit et on le tape sur le bord de la bassine. On a ainsi le plus gros de la pâte, mais il y a un inconvénient à procéder ainsi : il arrive souvent, en effet, que la pâte se forme en grumeaux au contact de la farine.

Le meilleur moyen, à notre avis, consiste à frapper le fouet sur une spatule qu'on place au-dessus de la bassine en tenant la spatule de la main gauche et le fouet de la main droite. On se sert pour cela de la spatule employée au mélange de la farine. Le plus gros de la pâte étant ainsi détaché, on enlève le reste avec les doigts en suivant les fils de fer du haut en bas.

Pour opérer le mélange de la pâte, il est bon d'être deux personnes ; la première fait tomber la farine en pluie fine dans la bassine et la seconde mélange légèrement à la spatule. Il ne faut pas trop mélanger la pâte, car, étant très légère, elle retomberait facilement. Il faut mélanger juste assez pour qu'il n'y ait pas de grumeaux ou de farine non mélangée dans l'appareil.

Les biscuits de Reims se cuisent dans des moules spéciaux (*fig. 1 et 2*).

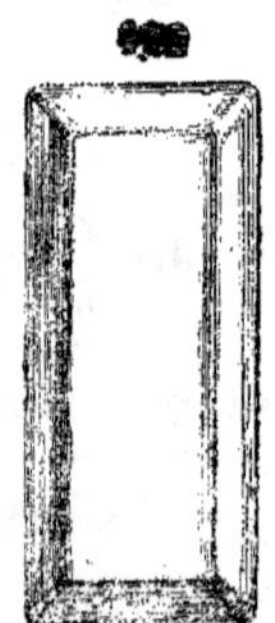

Fig. 1.

La figure 1 montre le biscuit seul, mais ces moules sont accouplés en plaques de 12, 18, 24, quelquefois même 36 pour la commodité ; il se fait aussi des plaques de 6 que nous recommandons spécialement pour leur commodité. On peut cependant se servir des moules simples et détachés, mais c'est beaucoup plus long pour les graisser, enlever l'excédent de sucre et les dé-

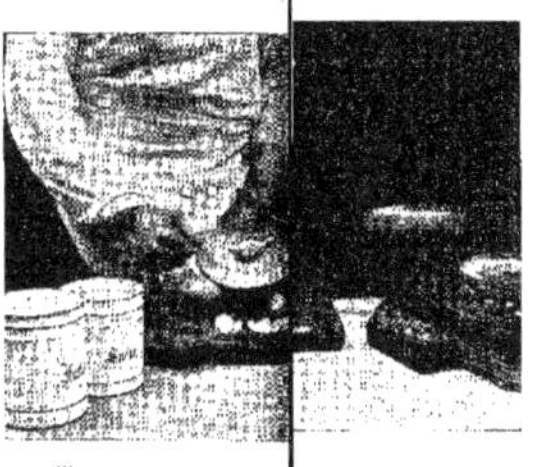

Comment se font les tuiles aux amandes

I. — Échaudez 125 grammes d'amandes en les jetant à l'eau bouillante pendant trois minutes. Égouttez-les et rafraîchissez-les.

II. — Les amandes auront été mondées comme le montre la photo ci-dessus. Hâchez-les ensuite aussi finement que possible.

III. — Pesez 125 grammes de sucre et 125 grammes d'amandes effilées séchées à l'entrée du four. Mettez le tout dans une terrine.

IV. — Mouillez avec deux blancs d'œufs et travaillez bien l'appareil pour le rendre léger.

— Mélangez à l'appareil 20 grammes de farine tamisée et 10 grammes de sucre vanillé.

I. — Dressez les tuiles sur plaques cirées, poudrez-les au sucre glace et cuisez-les pendant 15 à 20 minutes à four chaud. Doublez les plaques.

II. — Détaillez les tuiles et placez-les dans un moule en forme de gouttière. On peut aussi les cintrer en les posant à cheval sur un rouleau à pâtisserie.

III. — Assiette de tuiles terminées. Les tuiles se conservent en boîtes de fer-blanc ou en bocaux fermant hermétiquement.

mouler. Il y a plusieurs manières égale
ment bonnes pour le graissage des
moules.

1° On graisse les moules au beurre
clarifié et décanté ou encore avec un
mélange de cire vierge fondue et beurre
clarifié en parties égales ;

2° On chauffe les moules et on les
passe à la cire vierge fondue ;

3° On chauffe les moules et on les
graisse à la vaseline chimiquement
pure, puis on laisse égoutter les moules
en les mettant sens dessus dessous sur
des grilles.

Specimen d'une Plaque de Biscuits

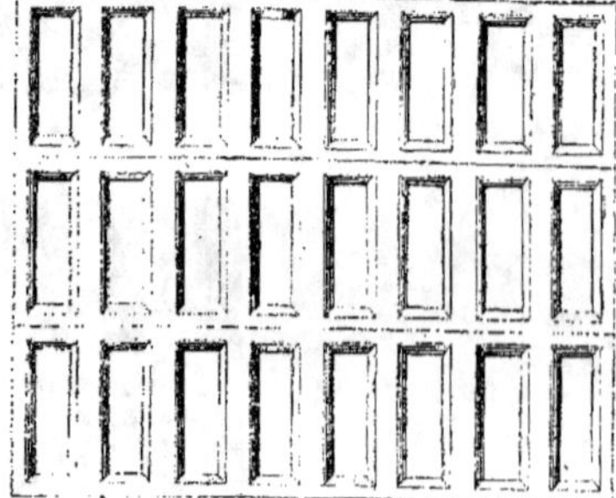

Fig. 2.

Remarque importante. — Le démoulage des biscuits de Reims étant
assez délicat, il faut éviter de laisser
les moules à l'humidité et plus encore
de les laver. Pour procéder au nettoyage
des moules sales, on les essuie minutieusement et on détache ce qui ne s'en
va pas à l'aide d'un morceau de bois
tendre. Quand les moules sont nettoyés
on doit les tenir constamment à l'étuve
ou tout au moins dans un endroit très
sec pour éviter toute humidité qui
nuirait au bon démoulage des biscuits.

Ceci dit, passons au dressage des biscuits. Les moules étant bien essuyés et
graissés selon un des procédés décrits
plus haut, rangez les côte à côte sur la
table à pâtisserie. Garnissez une poche
munie d'une douille unie (*fig. 3*) avec

l'appareil à biscuits convenablement
mélangé et garnissez les moules à moitié environ.

La quantité de pâte ci-dessus doit
suffire pour quatre douzaines environ.
Tous les moules étant garnis, poudrez-
les de *sucre déglacé*, autrement dit de
sucre semoule. Pour poudrer les biscuits on met du sucre semoule sur un tamis très fin et on le secoue légèrement
au-dessus des moules ; laissez ainsi le sucre sur les biscuits pendant trois ou quatre minutes, puis retournez les moules
en les tenant par un coin et donnez un
coup sec à l'envers pour détacher tout
l'excédent de sucre. Rangez les moules
sur plaques et cuisez les biscuits à four
moyen. A Reims, dans les biscuiteries,

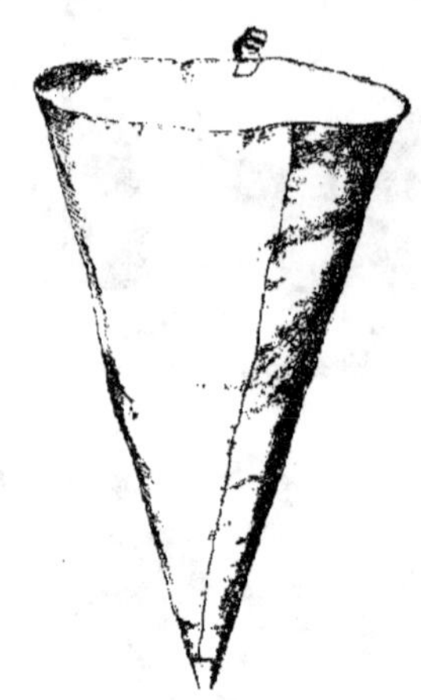

Fig. 3.

on cuit les biscuits à four très doux
qu'on chauffe avec quelques copeaux
de bois entre chaque fournée de biscuits. Ces fours ayant peu de fond,
c'est-à-dire n'ayant pas une très grande
chaleur en dessous, on met les biscuits
au four sans les ranger sur plaques,
mais avec les fours de cuisinière qui
chauffent fort en dessous, il faut *doubler* les biscuits pour qu'ils ne brûlent
pas en dessous.

Il faut compter 25 minutes environ de cuisson pour les biscuits : suivant la chaleur du four, cette cuisson peut varier de quelques minutes : la couleur des biscuits est le meilleur guide en la matière.

Pour démouler les biscuits. — Les biscuits de Reims ne se démoulent pas au sortir du four comme toute la pâtisserie en général.

Alors que d'autres gâteaux ne se démoulent que chauds, on doit attendre que les biscuits de Reims soient presque froids pour les démouler. Il faut les laisser ressuer avant de procéder au démoulage. Quand les biscuits sont cuits, mettez les plaques à l'étuve assez chaude pendant au moins une heure. A défaut d'étuve, on peut ranger les plaques de biscuits sur la grille qui est généralement placée au dessus du fourneau ou encore dans un chauffe-assiettes ou un chauffe-plats modérément chauffé. Au bout d'une heure, on retire les biscuits et on les laisse refroidir encore pendant une heure. Ce n'est qu'au bout de ce temps qu'on doit les démouler, alors qu'ils sont convenablement étuvés et complètement refroidis.

On laisse généralement les biscuits de Reims accolés par bandes de trois. Il est très facile, quand on a des plaques de moules de six, de diviser les biscuits en séries de trois, le bord du moule forme rainure ou casse facilement le biscuit. La conservation de ces biscuits est presque illimitée surtout si on a soin de les ranger en boîtes de fer-blanc fermant hermétiquement et qu'on place ces boîtes dans un endroit bien sec à l'abri de l'humidité.

Les biscuits de Reims n'ont rien de commun avec les biscuits moelleux du genre des biscuits à la cuiller. On les sert généralement avec le bordeaux à la fin du repas.

Nos docteurs modernes ont presque totalement proscrit les biscuits du régime des convalescents et pourtant ils furent naguère beaucoup ordonnés, ils constituaient même le premier aliment autorisé au sortir de la diète.

S'il s'agissait de biscuits du genre de ceux que nous décrivions au début de ce chapitre, on comprendrait cette mesure, mais les biscuits comme ceux dont nous venons de décrire la recette devraient être ordonnés au contraire, car ils stimulent la digestion et constituent un aliment sain, fortifiant, très léger et, par suite, d'une grande digestibilité, vu leur propriété de facile assimilation.

Il se fait, dans cet ordre d'idée, des biscuits à l'anis, au cumin et au gingembre qui sont à la fois stimulants et digestifs et qui seraient avantageusement employés au remplacement des médicaments qui ont, avec leurs bonnes propriétés, le désavantage de délabrer les meilleurs estomacs qui en usent sans mesure.

Nous donnerons, du reste, les formules de ces préparations à la suite des biscuits à champagne ou flûtes qui ont une grande analogie, sans être absolument semblables aux biscuits de Reims décrits plus haut.

BISCUITS A CHAMPAGNE — Les biscuits à champagne se cuisent dans des moules spéciaux (*fig. 4 et 5*) et de différentes variétés. Que ces moules soient ainsi cannelés, à fond lisse ou imitant un verre, peu importe, la préparation de la pâte reste la même.

La même observation, quant au nettoyage, est à faire pour ces moules que pour ceux à biscuits de Reims ; *ne jamais les laver* et les tenir toujours au sec pour qu'ils ne s'imprègnent pas d'humidité, ce qui nuit toujours au bon démoulage.

Les procédés sont les mêmes aussi pour le graissage des moules.

Nous recommandons surtout le procédé à la vaseline, *mais à la vaseline chimiquement pure seulement.*

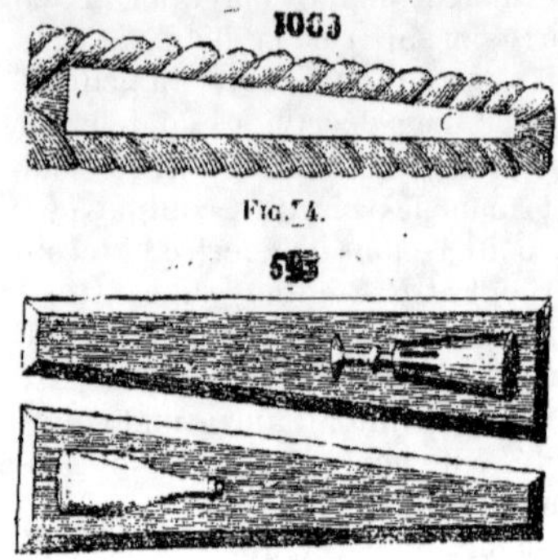

Fig. 4.

Fig. 5.

La quantité restant après les moules est tout à fait insignifiante, infinitésimale même, et suffit pour assurer un parfait démoulage et un biscuit uni, glacé et brillant en dessous. Ne jamais sucrer, fariner ou féculer les moules vaselinés. *C'est inutile.*

PROPORTIONS :

500 grammes de sucre ;
10 œufs ;
600 grammes de farine :
25 grammes de sucre vanillé.

PROCÉDÉ. — Mettez le sucre en poudre *non déglacé,* c'est-à-dire tout venant dans une bassine en cuivre rouge non étamée, puis verser dessus les œufs cassés et flairés minutieusement. Battre l'appareil au fouet en posant la bassine sur la cendre chaude, le coin du fourneau ou une plaque à moitié remplie d'eau bouillante.

Bien observer de ne jamais placer la bassine à feu trop vif, car les œufs et le sucre pourrait gratiner au fond de la bassine, ce qui, inévitablement, communiquerait une mauvaise odeur de brûlé et ferait des parties noires dans la pâte, ce qui serait du plus vilain effet.

C'est pourquoi nous n'hésitons pas à conseiller l'emploi du chauffage au bain-marie en posant la bassine sur une casserole, une sauteuse ou une plaque à rôtir ronde à moitié remplie d'eau chaude. On est sûr, en opérant ainsi, d'éviter les coups de feu.

Il faut encore avoir soin de ne pas trop chauffer la pâte, car elle mousserait, deviendrait beaucoup trop légère et retomberait quand on voudrait mélanger la farine.

De même que pour les biscuits de Reims, on mettra la farine à sécher à l'entrée du four, sur une feuille de papier, puis on la tamisera et on tamisera en même temps le sucre vanillé pour qu'il se mélange bien intimement à l'appareil.

Battez l'appareil au fouet jusqu'à ce qu'il devienne léger, mousseux et blanchâtre, puis mélangez délicatement à la spatule la farine et le sucre vanillé tamisés ensemble.

Garnissez une poche à douille unie de cette pâte et garnissez les moules à peine à moitié.

Rangez les moules ou les plaques de moules côte à côte sur la table et poudrez les biscuits au sucre semoule. Laissez reposer quatre ou cinq minutes puis enlevez l'excédent de sucre et cuisez les biscuits à feu très doux.

Etuvez-les aussi pendant une heure avant de les démouler et ne les démoulez qu'une fois bien refroidis.

Les biscuits de Reims, à champagne ou autres, se font de deux couleurs : blancs et roses. A Reims, on ne parfume pas les biscuits blancs et on vanille les biscuits roses. Nous n'avons pas pensé qu'il vous serait agréable de faire des biscuits roses, la couleur n'ajoutant rien à la qualité d'une préparation ; cependant, si vous tenez à en avoir de deux sortes, souvenez-vous que la préparation est *identiquement* la même dans les deux cas et ajoutez seulement quelques gouttes de carmin liquide Breton aux préparations ci-dessus désignées.

Les biscuits à champagne sont d'une pâte un peu plus ferme que les biscuits de Reims ordinaires ; ils se font de forme longue et étroite à seule fin de pouvoir se tremper plus facilement dans les flûtes ou verres à champagne dont tout le monde connaît la forme étroite et élevée.

On peut, pour rendre les biscuits de Reims plus légers, y adjoindre une certaine quantité de carbonate d'ammoniaque (3 à 5 grammes par 500 grammes de sucre) mais nous ne conseillons pas l'emploi de ce produit qui peut ne pas être entièrement volatil. En effet, dans la préparation de ce produit qui se fait toujours en grand, il peut rester dans le carbonate d'ammoniaque une certaine quantité de carbonate de plomb, et du chlorhydrate d'ammoniaque dont les propriétés nocives sont incontestables.

REMARQUE. — Nous pensons être utile à nos lectrices en leur donnant le moyen de reconnaître la présence du carbonate d'ammoniaque dans les biscuits de Reims, nous les mettrons ainsi en garde contre les agissements condamnables de certains industriels, beaucoup plus soucieux de leurs intérêts que de la santé de leurs clients.

Faites dissoudre dans un verre d'eau tiède un gramme de calomel et, quand il sera bien dissous, mettez dans ce verre d'eau le biscuit que vous voulez expérimenter.

Si le biscuit contient du carbonate d'ammoniaque, vous verrez au bout d'une minute l'eau devenir noirâtre. Si au contraire le biscuit n'en contient pas, l'eau restera incolore. Nous ne saurions trop vous recommander de faire cette expérience avant de donner, à vos enfants surtout, dont l'organisme

est si délicat, des biscuits dont vous auriez des raisons de suspecter la composition.

BISCUITS A L'ANIS. — Préparez une pâte à biscuits de Reims ordinaire et ajoutez-y 30 grammes d'anis vert pilé aussi finement que possible.

Les modes de cuisson et de démoulage restent absolument les mêmes que pour la recette qui a été décrite plus haut ; nous n'y revenons donc pas et vous prions de vouloir bien vous y reporter.

Les propriétés carminatives et stimulantes de l'anis sont suffisamment connues pour que nous n'ayons pas à développer ici les avantages que présenteront les biscuits préparés suivant le procédé décrit ci-dessus.

BISCUITS AU CUMIN. — Le cumin est une graine d'odeur agréable ayant à peu près les mêmes propriétés que l'anis. Les graines de cumin se mettent à même dose que l'anis, il en faudra donc 30 grammes pour la quantité de biscuits genre Reims décrite dans la première recette de ce chapitre.

Les graines seront pilées aussi finement que possible en sorte que le mélange se fasse parfaitement et que toutes les parties du biscuit en contiennent la même proportion.

Mêmes procédés pour la préparation de la pâte, le moulage, la cuisson et le démoulage des biscuits.

BISCUITS AU GINGEMBRE. —
PROPORTIONS :
150 grammes de sucre en poudre ;
80 grammes farine de gruau :
8 grammes de gingembre de Malabar
    pulvérisé ;
5 œufs frais ;
zeste d'une orange ;
une toute petite pincée de sel.

Le gingembre de Malabar est le plus

estimé, il est plus tonique que le poivre et ses propriétés stimulantes l'ont fait rechercher et apprécier comme condiment. Sa saveur est âcre et brûlante et son odeur, très forte, prend au nez et aux yeux. C'est un des produits des plus stimulants qu'il existe. Les biscuits au gingembre sont d'excellents digestifs, aussi se recommandent-ils aux enfants, aux vieillards et aux convalescents.

PROCÉDÉ. — Déposez dans une terrine le sucre, le sel, le zeste d'orange, le gingembre de Malabar pulvérisé et les jaunes d'œufs. Travaillez l'appareil jusqu'à ce qu'il soit devenu léger, mousseux et blanchâtre.

Battez les blancs d'œufs en neige très ferme, puis mélangez d'abord la farine, puis les blancs d'œufs, cela très légèrement.

Garnissez une poche de cet appareil, puis dressez sur papier des biscuits un peu plus petits que les biscuits à la cuiller. Poudrez-les de sucre semoule et laissez fondre ce sucre pendant quelques minutes. Poudrez alors les biscuits au sucre glace et cuisez-les à four moyen.

Il est difficile de donner un temps de cuisson même approximatif, car celle-ci varie suivant le four dont on dispose et surtout la chaleur de ce four.

La grosseur des biscuits peut encore faire varier le temps de cuisson. La couleur et la consistance des biscuits sont les meilleurs indices pour en fixer la cuisson.

En dehors de ces biscuits, que nous appellerons simplement biscuits hygiéniques, il se fait encore d'autres biscuits dits médicamenteux ou biscuits de Fonssagrives. Les produits ajoutés à la fabrication des biscuits médicamenteux sont généralement la santonine et le semen-contra pour les biscuits vermifuges, la scammonée et le calomel pour les biscuits purgatifs.

Pour la préparation de ces biscuits on ajoute le produit pharmaceutique à la pâte de biscuit en mélangeant la farine. L'essentiel est de bien mélanger le produit en sorte que chaque biscuit contienne une dose déterminée.

Nous ne parlons que comme mémoire de ces biscuits et nous n'en conseillons pas la fabrication, car une mauvaise répartition du médicament dans la pâte, si elle ne peut avoir d'effet toxique dans la préparation des biscuits vermifuges, peut en avoir un très grand dans celle des biscuits purgatifs où une trop forte dose de calomel ou de scammonée peut occasionner de très graves désordres et même entraîner la mort.

Laissons donc la préparation de ces biscuits au domaine de la pharmacie et contentons-nous des biscuits de dessert et des biscuits hygiéniques.

DIX-SEPTIEME LEÇON

DES CROUTES DE VOL-AU-VENT ET DES CROUTES DE BOUCHÉES. — Quoique la manière de faire les croûtes de bouchées ait déjà été décrite, d'une façon succincte du reste, dans les précédentes leçons, j'ai pensé qu'il était utile, *indispensable même*, d'en faire le sujet d'une leçon de ce cours **qui doit tout vous apprendre**.

A cette époque de grande chaleur où l'exécution du feuilletage est la plus difficile, le moment me semble opportun de vous donner tous les conseils indispensables à une bonne réussite. Vous savez ou vous ne savez pas, et dans ce cas je vous l'apprends, que les croûtes de vol au vent et de bouchées à la reine sont en feuilletage, autrement dit en pâte feuilletée.

Très rares sont les bonnes pâtissières et les bonnes cuisinières n'ayant aucune appréhension en préparant la pâte feuilletée, **surtout pendant les chaleurs**. Nombreuses au contraire sont celles qui ont le trac (permettez-moi l'expression) et se disent : « Mon Dieu, vais-je réussir ? »

Je viens couper court à vos appréhensions et vous affirmer : « *Oui, vous réussirez si vous suivez à la lettre mes recommandations* ». J'ouvre ici une parenthèse pour m'adresser spécialement aux personnes déjà expérimentées et même aux professionnels qui réussissent *presque toujours* le feuilletage. Je dis *presque toujours* car, dans ma carrière déjà longue puisqu'elle compte vingt années, il m'a été très rarement donné de rencontrer des ouvriers ne manquant jamais la pâte feuilletée. Ils la réussissaient, *presque toujours, je dois le reconnaître*, mais *par routine*, ils ne le devaient pas du tout à leur raisonnement et, en cas d'échec, ne pouvaient pas reconnaître la malfaçon qui en était cause.

Je leur recommande donc de lire attentivement ce qui va suivre, de l'expérimenter et je leur garantis un succès certain **sans jamais un seul échec**. Si celui ci se produit par suite de l'inobservation d'une de mes recommandations, du premier coup d'œil ils verront la cause de l'échec et souvent ils trouveront le remède au mal s'il leur reste encore une partie de pâte mal préparée à utiliser.

Je déclare d'avance que très nombreuses sont les causes d'insuccès et que par suite, très nombreuses sont les précautions à prendre. J'ai lu beaucoup d'ouvrages de pâtisserie et je me plais à reconnaître la haute valeur des auteurs qui les ont écrit, mais, s'ils l'ont fait, *c'était pour des professionnels* et non pour des profanes et je suis forcé de m'étonner des anomalies que j'y ai rencontrées. En effet, j'estime que l'apprêt de la pâte feuilletée est certainement un des plus difficiles et je m'étonne de n'y pas trouver les recommandations indispensables pour en assurer le succès. Mais, pourra t-on me répondre, nous nous adressons à des professionnels qui *doivent connaître*. Très bien, répondrai je, mais *s'ils ne connaissent pas !* Et alors, si vous admettez *qu'ils doivent connaître* la confection de la pâte feuilletée qui est une des plus compliquées, pourquoi leur enseigner celle de la pâte à choux, de l'appareil à tartes au lait qui sont les premiers ouvrages de l'apprenti et dont la préparation est tout à fait élémentaire. Non ! même dans les traités les plus récents, dans certains parus même cette année, on ne met pas suffisamment en garde contre les échecs nombreux qui sont presque inévitables non seulement pour des débutants, mais encore pour des professionnels. La cause, me demanderez-vous de cette omission ? Elle est très simple, c'est que la plupart des auteurs sont trop souvent étrangers à la profession ou en sont éloignés depuis longtemps. Alors chacun sait que celui qui ne professe plus depuis longtemps, se souvient certainement des grandes lignes de son métier, mais perd de vue les petites nuances, en apparence insignifiantes, les petits détails à première vue sans importance et qui, s'ils ne sont pas exposés et mis en relief, vouent l'exécutant à un échec certain. Très rares sont les auteurs culinaires exerçant à la fois la théorie et la pratique. Etant un de ceux-là, c'est là qu'est ma supériorité et c'est pourquoi je ne saurais trop engager mes lectrices et mes lecteurs, MÊME LES PROFESSIONNELS, à étudier et à retenir pour les éprouver ensuite, les recommandations qui vont suivre. Je leur assure en échange de leur attention une parfaite réussite et la fin des échecs qu'ils subissaient de temps à autre. Je vous prie d'excuser la longueur de la parenthèse que je ferme, mais si je l'ai ouverte à l'intention des professionnels *et même des auteurs culinaires les plus en renom*, c'était pour bien vous pénétrer de l'importance des recommandations qui vont suivre, pour vous que je puis considérer comme inexpérimentées. Aidées

de mes conseils, vous serez certainement armées contre les insuccès et je me déclarerai satisfait si comme j'en suis sûr vous réussissez, même pendant les chaleurs, la préparation de la pâte feuilletée.

Examinons d'abord ce que doit être une croûte de vol-au-vent qui est, dans les préparations multiples qu'on fait avec cette pâte, certainement celle qui demande le plus de soin.

Une croûte de vol au vent doit être : 1º bien haute ; 2º régulière, c'est-à-dire aussi haute d'un côté que de l'autre ; 3º légère et par suite très friande. Elle doit être encore parfaitement ronde et non ovale, ce qui arrive assez souvent.

Pour que la croûte du vol-au-vent soit très haute, il faut que la pâte feuilletée soit parfaitement réussie. Pour qu'elle soit régulière, il faut que le tourage et le pliage aient été eux-mêmes faits dans les règles. Pour qu'elle soit légère il faut que le feuilletage n'ait pas trop reposé et que la croûte soit aussi mince que possible à son entrée au four. Pour qu'elle soit bien ronde il faut que la pâte feuilletée ait suffisamment reposé.

Pour faire un beau feuilletage il est indispensable : 1º d'avoir une farine de toute première qualité ; 2º un beurre très ferme et malgré cela très souple, convenablement malaxé, et ne contenant ni eau ni petit lait ; 3º un local frais.

La farine qui se recommande pour ce travail et qui est même indispensable est celle de gruau extra autant que possible de gruau de Hongrie, car cette farine a un corps de beaucoup supérieur aux gruaux français, à ce point même qu'on est parfois obligé de lui adjoindre une certaine quantité de gruau français pour faciliter le tourage de la pâte.

Le beurre, qu'on aura choisi bien

ferme sera préalablement manié sur le tour ou table à pâtisserie pour en extraire tout le petit-lait. On le maniera à la main jusqu'à ce qu'il soit devenu très souple, sans aucun grain et qu'il ait acquis un certain corps. Si on ne ne peut bien l'assembler même par un travail assez prolongé, il faut l'écarter sans hésitation car on serait voué avec lui à un échec certain. Quand le beurre aura été bien manié, il sera mis à raffermir au frais, dans une glacière si on en dispose *mais jamais en contact direct avec la glace*, car il durcirait à nouveau, grainerait et on aurait perdu tout le bénéfice de la précédente manipulation. Les personnes qui ne disposent pas de glacière peuvent mettre le beurre à raffermir à la cave ou, à défaut de cave suffisamment fraîche, dans un seau descendu dans le puits, si on est à la campagne, et que cette opération soit possible ou simplement dans de l'eau très fraîche qu'on renouvelle autant que cela est nécessaire jusqu'à parfait raffermissement.

Il est indispensable aussi de disposer d'un local frais, garde-manger, cave ou cellier pour le travail de la pâte feuilletée et il ne faut pas, pendant les chaleurs, croire qu'on peut faire de très beau feuilletage dans un local chaud *même en disposant de glace à rafraîchir*, ce serait là une profonde erreur et mieux vaut y renoncer à mon avis ou alors se contenter d'un feuilletage *à peu près bien*, ce que je ne recommande pas.

La première opération consiste à faire la détrempe. On appelle ainsi la pâte composée de farine, sel et eau. Comme on le voit il n'entre pas de beurre du tout dans cette pâte.

L'introduction du beurre dans le feuilletage constitue la seconde opération et se nomme le beurrage du feuilletage.

Pour mélanger le beurre à la détrempe on procède à la troisième opération qui a nom le tourage.

Quand le feuilletage est convenablement touré on procède à la quatrième opération qui est le détail des pièces qu'on veut obtenir.

Les pièces étant détaillées, il n'y a plus qu'à les cuire et cette opération prend le nom de cuisson.

Première opération : La détrempe

PROPORTIONS :

500 grammes de farine de gruau ;
10 grammes de sel ;
250 à 280 grammes d'eau.

PROCÉDÉ : Tamisez la farine (que vous aurez autant que possible choisie de gruau de Hongrie, ou par moitié gruau hongrois et gruau français ou à défaut gruau français de première qualité) sur la table à pâtisserie ou ce qui vaut mieux sur le marbre qui est toujours plus frais surtout pendant les chaleurs. Le tamis sera très propre sans aucune odeur et suffisamment fin pour retenir les impuretés ou les matières étrangères qui sont parfois contenues dans la farine.

En plus de cet avantage le tamisage offre encore celui de désagréger les grumeaux qui se forment presque toujours par suite du tassement. On devra détremper la pâte dans un lieu frais et on aura eu soin de ne pas laisser séjourner la farine dans un lieu chaud, car il faut avoir soin d'éloigner par toutes les précautions possibles, la chaleur de cette préparation. Pour la même raison si on se sert d'un marbre mobile on aura eu soin de le tenir au frais et de le rafraîchir au besoin soit avec de la glace ou de l'eau fraîche s'il avait séjourné à la chaleur

Faites une fontaine avec la farine (*fig. 1*) et mettez au milieu les 10 grammes de sel fin et l'eau.

Comme on a pu le voir, la quantité d'eau est variable, à quelques grammes près, suivant la qualité de farine employée. Si on opère avec de la farine de Hongrie seule, il est bon de mettre

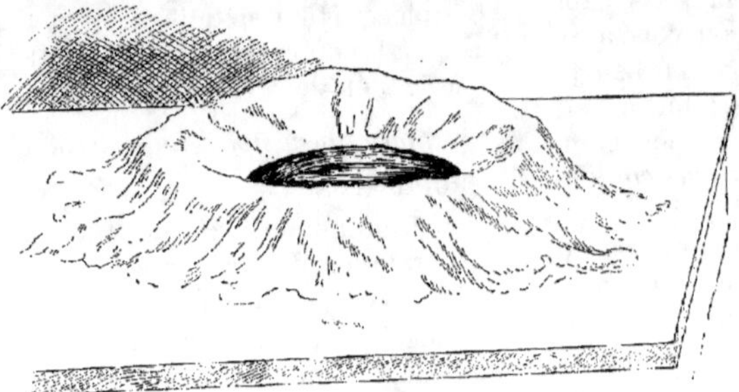

Fig. 1. — Fontaine

280 grammes d'eau, soit un peu plus d'un quart de litre ; si on opère avec moitié farine de Hongrie et gruau français il sera bon d'en mettre 265 grammes, soit à peine plus d'un quart de litre et enfin avec le gruau français le quart de litre suffit. Avant de commencer à mélanger la farine et l'eau, qu'on aura prise très fraîche et glacée si possible, il est bon de faire fondre le sel en l'écrasant avec les doigts dans l'eau jusqu'à ce qu'on n'en sente plus du tout, puis prenez la farine assez vite pour ne pas former un noyau de pâte molle dans lequel il faudrait incorporer le reste de la farine, ce qui exigerait un trop grand travail et pourrait *corder* la pâte, c'est-à-dire lui donner trop de corps. Au contraire, il faut agir en sorte que l'eau et la farine soient juste assemblées d'une façon uniforme avec le moins de travail possible car cet excès de travail donne à la pâte une élasticité qui rendrait le tourage très difficile.

Remarque importante. — *Pour la bonne réussite du feuilletage il est indispensable que la détrempe et le beurre aient la même consistance, car autrement il ne se mélangeraient pas*

bien au tourage et le beurre traverserait la pâte pour adhérer au marbre. Quand ce fait se produit le feuilletage est toujours vilain.

Si donc votre beurre est très ferme tenez la détrempe ferme et si au contraire il est mou, faites-la un peu plus molle. Ce résultat s'obtient en augmentant ou en diminuant la quantité d'eau de deux ou trois centilitres au plus (20 à 30 grammes). *La quantité d'eau indiquée ci-dessus suppose qu'on travaille avec un beurre bien ferme.*

Il faut toujours laisser reposer la détrempe avant de beurrer le feuilletage. Quinze minutes me paraissent nécessaires entre les opérations de détrempage et de beurrage du feuilletage.

La détrempe sera mise à reposer en lieu frais et on la couvrira d'un linge pour qu'elle ne croûte pas, surtout si elle est dans un courant d'air ou même à l'air.

Deuxième opération : Beurrer le feuilletage

Le beurre (500 grammes) ayant été convenablement manié et raffermi, on l'aura épongé dans un torchon, s'il était dans l'eau fraîche, avant de l'introduire dans le feuilletage. Farinez légèrement la table ou le marbre à pâtisserie et placez-y la détrempe.

Aplatissez-la à la main et repliez-la sur elle-même pour l'aplatir à nouveau de façon à bien la lisser, c'est-à-dire la rendre bien lisse, puis étendez-la soit à la main ou au rouleau pour en faire un rond d'environ 25 centimètres de diamètre et de 4 centimètres d'épaisseur.

Maniez le beurre dans un torchon,

mais juste assez pour vous assurer qu'il n'est pas *grainé* sans pour cela l'amollir et placez-le au milieu du *pâton* de détrempe en l'égalisant autant que possible de forme rectangulaire et d'épaisseur régulière (*fig.* 2).

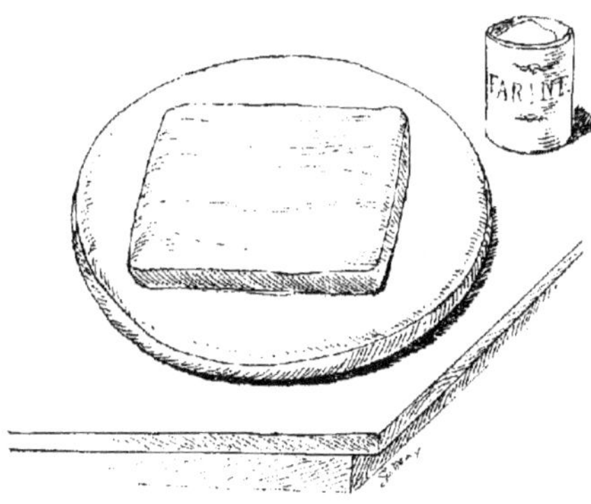

Fig. 2. — Détrempe et beurre.

Repliez alors les bords de la pâte sur le beurre pour bien l'enfermer et obtenir un pâton de forme carrée ou légèrement rectangulaire (*fig. 3*).

Mettez le pâton de feuilletage ainsi obtenu à *reposer* au frais pendant dix minutes environ avant de commencer à le *tourer*. Ayez soin de le couvrir d'un torchon pour qu'il ne croûte pas à l'air.

Troisième opération : Tourer le feuilletage

Comme je l'ai dit plus haut tourer le feuilletage c'est lui donner *des tours* pour mélanger le beurre à la pâte. Il ne faut jamais tourer le feuilletage aussitôt qu'il est beurré et dix minutes de repos au moins sont nécessaires entre les deux opérations.

Pour tourer le feuilletage on saupoudre *légèrement* la table à pâtisserie de farine. C'est intentionnellement que je dis *légèrement*, car si on poudre avec excès on obtient un feuilletage ordinaire, gris de couleur après la cuisson et d'apparence commune. Il faut sau

poudrer la table de farine juste assez pour que la pâte n'y adhère pas.

Mettez le pâton de feuilletage sur la table ainsi saupoudrée et allongez le au rouleau en une abaisse d'environ 75 centimètres de longueur, 25 centimètres de largeur sur 7 à 8 millimètres d'épaisseur.

Pliez ensuite cette abaisse en trois, c'est-à-dire de 25 en 25 centimètres comme le montre la figure 5.

Il y a une recommandation essentielle à observer quand on replie le feuilletage. Il ne faut pas le replier n'importe comment, mais il faut le faire aussi régulièrement que possible. Il faut aussi observer, quand on allonge le pâton de feuilletage au rouleau, il faut observer, dis je, de l'allonger toujours bien droit régulièrement, si on veut que les pièces détaillées montent régulièrement à la cuisson. C'est de là que dépend toute la régularité du feuilletage et c'est facile à comprendre, le tourage a pour effet de mélanger le beurre à la détrempe en en superposant les couches par un pliage régulier et renouvelé ; si donc les couches de pâte et beurre ne sont pas uniformes, il s'en suivra forcément que le mélange ne sera pas régulier et qu'à la cuisson

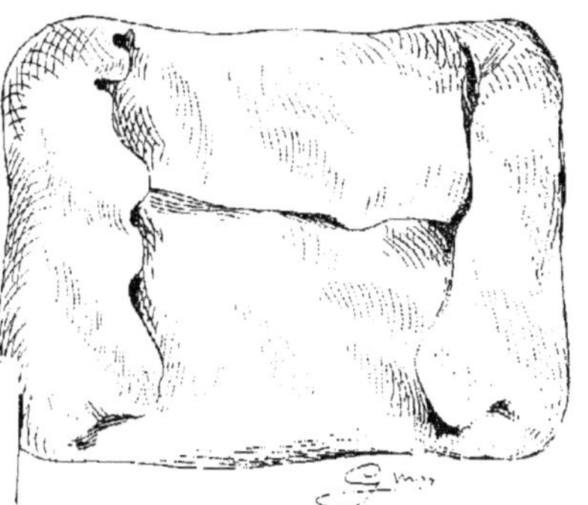

Fig. 3. — Pâton de feuilletage beurré.

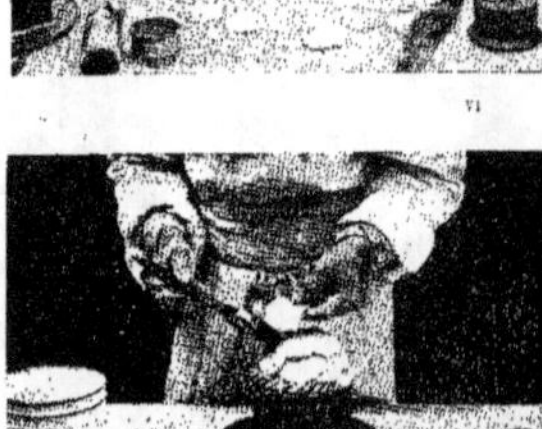

Comment on fait une croûte de Timbale

I. — Faites une pâte brisée avec 300 gr. de farine, 200 gr. de beurre, 1 œuf, 2 jaunes d'œuf, 8 grammes de sel, 10 gr. de sucre, 1 demi-décilitre d'eau. Tenez la pâte ferme.

II. — Faites une abaisse de trois centimètres d'épaisseur.

III. — Pilez l'abaisse sur elle-même et écrasez-la avec les deux mains pour former une poire.

IV. — Après avoir allongé cette poche au rouleau, mettez-la au milieu d'un moule à timbale beurré. Tamponnez-la pour qu'elle adhère bien au moule et régularisez la croûte.

V. — Après avoir garni la timbale de papier, emplissez-la très fort avec des noyaux de cerises ou des légumes secs et rabattez le papier. Faites une abaisse mince et soudez-la aux bords comme un pâté. Pincez la croûte en dehors.

VI. — Faites une abaisse très mince et découpez des rondelles à l'emporte-pièce cannelé et avec le dos du couteau formez des nervures pour imiter des feuilles.

VII. — Soudez ces feuilles au couvert en les mouillant légèrement à l'eau. Dorez le couvercle et cuisez la timbale 45 à 50 minutes à four chaud. Enlevez le couvercle et videz la timbale puis démontez-la.

VIII. — La timbale terminée.

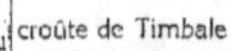

le feuilletage montera inégalement. Quand vous aurez allongé le feuilletage et que vous l'aurez replié en trois comme il a été dit plus haut, vous aurez donné un tour au feuilletage. Aussitôt le pliage effectué, faites faire un quart de tour à droite au pâton comme le montre la figure 4 et allongez-le à nou-

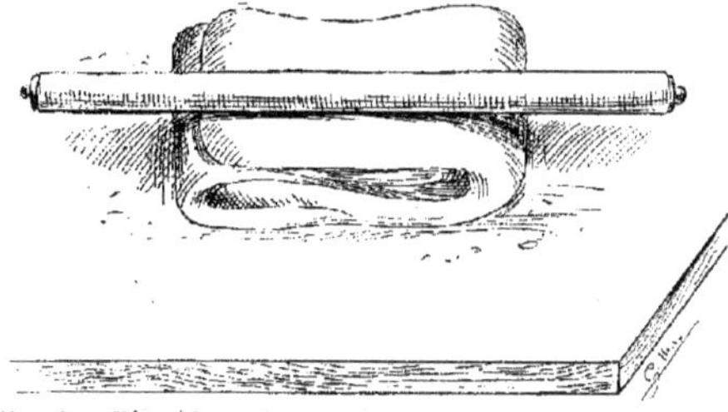

Fig. 4. — Pâton à un tour. — Comment on plie le feuilletage

veau dans le sens où l'indique le rouleau posé en travers, c'est-à-dire droit devant soi. Il faut encore allonger de la même dimension et plier de même qu'il a été dit plus haut.

Vous vous demandez peut-être pourquoi on fait décrire un quart de tour à droite au pâton qu'on vient de plier avant de l'allonger à nouveau et plutôt que de l'allonger dans le même sens ? C'est tout simplement pour que la soudure qui se trouve toujours irrégulière, se régularise par suite de l'allongement du pâton, ce qui n'aurait pas lieu si elle restait en bout sur une très petite longueur.

Quand le pâton aura été allongé et replié deux fois de suite sur lui-même, vous lui aurez donné *deux tours* et il conviendra de laisser reposer le feuilletage dix bonnes minutes avant de lui donner *deux autres tours*.

Il faut, pour *détailler* le feuilletage, qu'il ait six tours. On donne ces tours deux par deux avec au moins dix minutes de repos au frais entre chaque série de deux tours.

Quand on met le feuilletage à repo-

ser, il faut le mettre dans un lieu frais et avoir soin de le couvrir d'un torchon pour qu'il ne croûte pas sur le dessus.

On peut le mettre dans une glacière, mais jamais en contact direct avec la glace, car cela aurait pour effet de raffermir trop brusquement le beurre et de le grainer, ce qui l'empêcherait de se mélanger à la pâte.

En hiver, il ne faut pas laisser séjourner le feuilletage au dehors s'il gèle pour la même raison.

Il faut aussi que le feuilletage soit allongé dans une juste mesure ni trop ni trop peu. En effet, si on allonge trop le feuilletage, celui-ci ne monte pas suffisamment au four, car le beurre se trouve trop mélangé et on a obtenu plutôt une pâte brisée qu'une pâte feuilletée. Si au contraire on allonge trop peu le pâton de feuilletage, le beurre n'est pas assez mélangé, et à la cuisson il entre en ébullition, frit les couches de pâte non beurrée qui restent dures et coriaces et il se répand sur la plaque ou sur la tourtière.

Le même inconvénient se produit, si on ne compte pas bien les *tours* qu'on donne au feuilletage. A quatre ou à cinq tours, le beurre insuffisamment mélangé ressort à la cuisson et à sept ou huit tours le beurre étant trop mélangé, le feuilletage ne monte plus. Il est donc de toute utilité de compter avec attention les tours qu'on donne au feuilletage. Quand on met le feuilletage à reposer en attendant qu'on lui donne de nouveaux tours il est bon, pour éviter toute erreur, de marquer sur le pâton même, le nombre de tours déjà donnés. La meilleure manière consiste à enfoncer le doigt, dans un coin du pâton et à moitié de l'épaisseur, autant de fois qu'on a donné de tours. Ce moyen très simple évitera

toutes les confusions qui seraient inévitables si on voulait s'en rapporter à
sa seule mémoire.

Quatrième opération : Détailler
le feuilletage.

Le feuilletage se détaille toujours à
six tours et ne doit se cuire que dix à
quinze minutes, après que *les deux*
derniers tours ont été donnés, suivant
le corps de la pâte feuilletée. On juge
que la pâte feuilletée a plus ou moins
de corps suivant qu'on a plus ou moins
de mal à l'abaisser, autrement dit à
l'allonger.

Si donc on voit que le feuillage s'allonge sans aucune difficulté, en lui donnant les deux derniers tours, il faut de
suite le détailler car le temps qu'on
passe à cette opération, compte dans
celui qu'il faut pour laisser reposer le
feuilletage.

Les croûtes de vol au-vent se taillent
de plusieurs manières et je vais vous
les exposer toutes ici, avec impartialité.
Je vous dirai ensuite la méthode que je
préfère et pourquoi je la préfère et
vous serez libres de choisir celle qui
vous conviendra le mieux en toute
connaissance de cause.

Les vols-au-vent peuvent se détailler
de trois façons différentes :

    1° en une seule pièce ;
    2° en deux pièces ;
    3° en trois pièces

VOLS-AU-VENT EN UNE SEULE
PIÈCE. — Comme vous l'avez vu plus
haut, le feuilletage ne doit guère reposer plus de dix à quinze minutes avant
sa cuisson une fois qu'on lui a donné
les deux derniers tours. Il conviendra
donc, si on fait plusieurs pièces en pâte
feuilletée d'une manière différente et
demandant plus de dix minutes pour
les détailler, il conviendra donc, dis-je,
de ne donner les deux derniers tours
qu'à la partie nécessaire pour la pre

mière pièce à détailler, car autrement
si on passe vingt ou vingt-cinq minutes à détailler le feuilletage à six tours,
celui-ci serait trop reposé et ne monterait plus suffisamment à la cuisson.

Prenez donc juste la quantité de feuilletage à quatre tours nécessaire pour
la confection de la croûte de vol-au-
vent. Avec la quantité ci-dessus indiquée, on peut faire trois vols-au-vent
pour quatre à cinq personnes chacun.

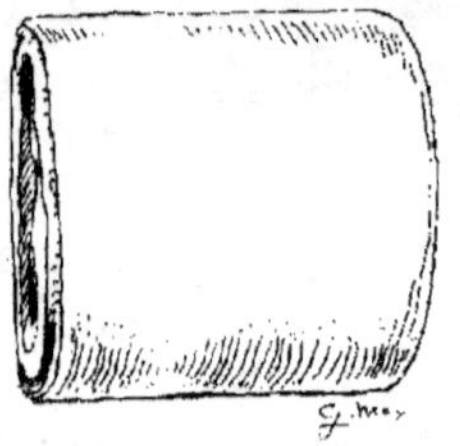

FIG. 8. — (A) Pâton non aplati.

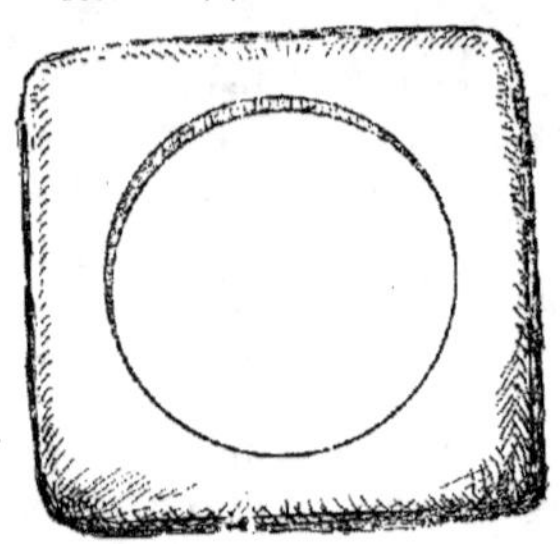

(B) Pâton aplati au milieu duquel on a coupé
le vol-au-vent

Donnez deux tours à cette partie de
feuilletage à quatre tours sans trop
l'allonger pour obtenir une fois le dernier pliage fait, un petit pâton carré
d'environ **12** centimètres de côté.
Abaissez un peu ce pâton jusqu'à ce
qu'il ait environ 18 à 20 centimètres de
côté, qu'il soit bien carré et d'une
épaisseur régulière d'environ 2 centimètres.

Prenez un objet rond, assiette, couvercle de casserole, cercle à flan ou
rond spécial en fer-blanc d'environ 15

centimètres de diamètre. Avec un petit couteau d'office à lame bien affilée, taillez *franchement* sans hésitation et en inclinant la lame en dehors, pour que le vol-au-vent soit évasé et plus large à la base qu'en haut. (*Voir fig. 5*).

Le vol-au-vent ainsi détaillé, placez le **en le retournant** sur une tourtière dont vous aurez mouillé le centre pour qu'il adhère bien et ne risque pas de glisser. Appuyez-bien le milieu, ce qui aura pour effet d'empêcher le vol-au-vent de se retirer à la cuisson. Il est essentiel de bien retourner le vol-au-vent de se retirer avant de le mettre sur la tourtière en sorte que la partie large se trouve en haut. Chique-

FIG. 5. — Vol-au-vent d'une seule pièce.

tez alors le tour du vol-au-vent en appuyant légèrement le dos de la lame du couteau de place en place et en maintenant la pâte avec le pouce de la main gauche pour former des canelures (*f. 6*).

Dorez ensuite le vol-au-vent à l'œuf battu en ayant soin de ne pas laisser tomber de dorure sur les bords extérieures du vol-au-vent car cette dorure en se solidifiant à la cuisson, empêcherait le feuilletage de monter régulièrement.

Avec la pointe du couteau, tracez un couvercle à quelques centimètres du

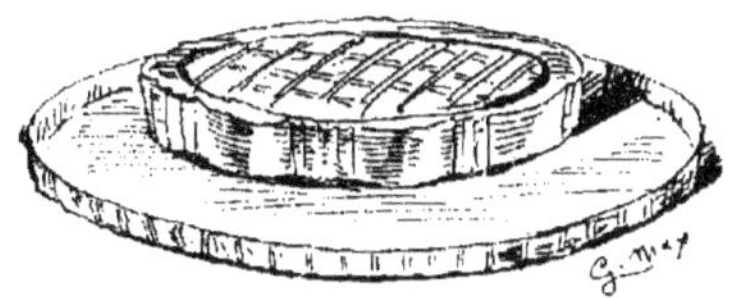

FIG. 6. — Vol-au-vent prêt à mettre au four.

bord comme le montre la fig. 7, et rayez avec un petit couteau le milieu de ce couvercle en losanges comme une galette.

Laisser reposer quelques minutes avant de mettre au four. Suivant le temps que vous aurez mis à détailler le vol-au-vent, le temps de repos variera.

REMARQUE. — Souvent, pour empêcher que le vol-au-vent brûle au four, on lui fait un fond très mince en pâte brisée qu'on fixe sur la tourtière légèrement mouillée au centre. Il va sans dire qu'on taille le fond de la grandeur exacte du vol-au-vent.

On mouille légèrement toute la surface du fond et on pose dessus le vol-au-vent détaillé. Il faut alors le chiqueter, le dorer et le rayer *comme précédemment*.

VOLS-AU-VENT EN DEUX PIÈCES. — Le premier procédé décrit plus haut est sinon le plus économique, du moins le plus expéditif. Quand le feuilletage est

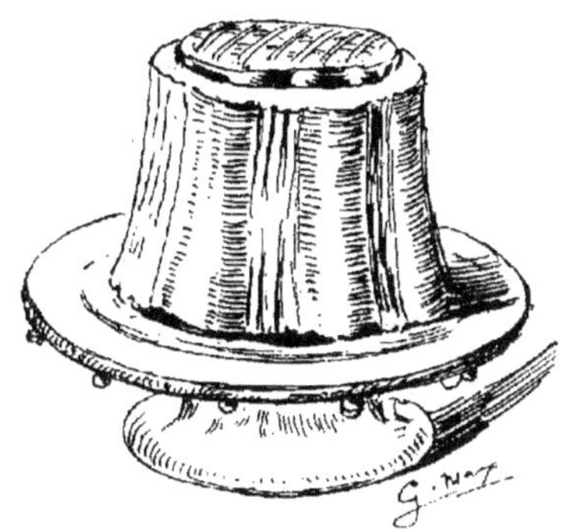

FIG. 7. — Vol-au-vent cuit.

beau, les croûtes sont jolies. mais il y a un certain inconvénient. Après la cuisson, il faut enlever du milieu du vol-au-vent, une certaine quantité de mie ou pâte imparfaitement cuite qui se trouve perdue de ce fait.

On a donc imaginé une seconde manière qui est la suivante :

Au lieu d'abaisser le feuilletage en un carré d'environ 18 centimètres de côté et 2 centimètres d'épaisseur on l'allonge en un rectangle *de même largeur* mais *du double de longueur* et *de moitié moins d'épaisseur*. Dans cette abaisse on taille au moyen d'un guide rond quelconque et d'un petit couteau coupant parfaitement bien, deux parties pleines rondes ayant la largeur qu'on veut donner au vol-au-vent. A l'encontre de ce qui a été dit plus haut, il ne faut pas tailler en biais mais bien d'aplomb, en sorte que les deux abaisses aient la même largeur en haut qu'en bas.

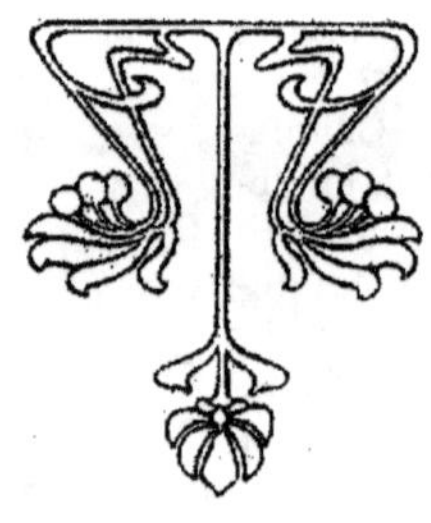

DIX-HUITIÈME LEÇON

AVANT-PROPOS. — J'ai omis de dire dans la dernière leçon de ce Cours de pâtisserie et au commencement de la deuxième opération, ce qui suit :

En détrempant comme il a été dit plus haut 500 grammes de farine avec environ 250 grammes d'eau et 10 grammes de sel on obtient à peu près 800 grammes de détrempe qu'on beurre avec 500 grammes de beurre.

Je demande pardon à mes nombreuses lectrices de cet oubli. Je pensais l'avoir donné sous le titre de formule du feuilletage :

FORMULE DE FEUILLETAGE

500 grammes de farine de gruau ;
500 grammes de beurre ferme ;
250 à 280 grammes d'eau ;
10 grammes de sel.

VOL-AU-VENT EN DEUX PIÈCES (*suite*). — Mouillez le centre d'une tourtière et placez dessus, toujours en la retournant, une des deux abaisses rondes de feuilletage.

Avec un coupe-pâte uni évidez la seconde abaisse pour en faire une couronne de trois centimètres environ de largeur.

Mouillez légèrement au pinceau l'abaisse posée sur la tourtière et seulement sur les bords où doit poser cette couronne.

Placez cette couronne (en ayant soin de la retourner) sur la première abaisse pour que les deux se superposent exactement.

Evitez surtout que les doigts posent sur les parties coupées à vif. Appuyez légèrement cette couronne pour bien la faire adhérer, puis chiquetez le vol-au-vent comme si il était d'une seule pièce. Dorez légèrement et avec précaution le dessus de la couronne et le milieu de l'abaisse inférieure en ayant grand soin de ne pas en mettre, si peu soit-il, sur les bords extérieur ou intérieur du feuilletage coupés à vif car cela empêcherait le vol-au-vent de monter. Avec la pointe d'un couteau tracez le couvercle sur l'abaisse du fond en suivant le cercle intérieur de la couronne supérieure. Rayez le milieu du couvercle ainsi tracé en losanges comme il a été dit précédemment dans la confection de la croûte de vol-au-vent d'une seule pièce.

Pour empêcher la bande supérieure de rétrécir à la cuisson, rayez-la de petits traits en diagonale comme le montre la *figure 1*, en ayant soin toutefois que ces traits ne coupent pas toute la largeur de la

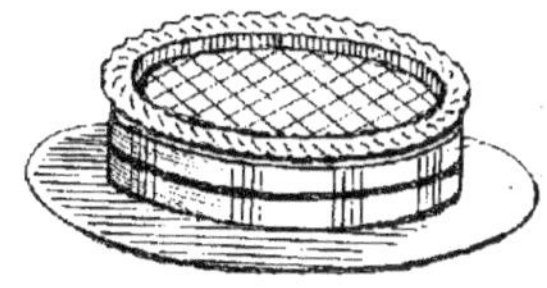

bande et s'arrêtent à un ou deux millimètres des bords intérieur et extérieur.

Jugez, d'après le temps que vous avez mis à détailler la croûte de vol-au-vent, si le feuilletage est suffisamment reposé et, suivant le cas, cuisez-la de suite ou laissez-la reposer davantage.

VOL-AU-VENT EN TROIS PIÈCES. — Le vol-au-vent en deux pièces donne déjà un meilleur résultat, au point de vue de la légèreté, que le vol-au-vent en une seule pièce car il y a moins de mie à enlever que dans le premier cas, c'est donc déjà un acheminement vers la perfection. La troisième manière que je vais décrire est, à mon avis, la meilleure à tous les les points de vue. économie, légèreté et forme de la croûte de vol-au-vent. Cette manière de faire diffère peu du reste de la précédente.

Faites une abaisse de même grandeur que pour la croûte de vol-au-vent en une seule pièce, soit 18 à 20 centimètres de longueur, autant de largeur et 2 centimètres d'épaisseur environ. Il est entendu que cette abaisse doit être en feuilletage à six tours.

Avec un guide rond tel que assiette, saladier, cercle à flan ou rond spécial en fer blanc, découpez une rondelle de feuilletage de la grandeur que vous voulez donner à la croûte. L'ustensile rond doit juste servir de guide au couteau qui découpe franchement la pâte feuilletée. Il faut la découper, perpendiculairement, cette fois, et non en évasant comme dans la confection de la croûte en une seule pièce. Prenez un coupe-pâte uni beaucoup plus petit que votre abaisse ronde de pâte feuilletée qui devra avoir environ 16 centimètres de diamètre, en sorte qu'en découpant le centre de cette abaisse vous obteniez une rondelle ou mieux une couronne ayant environ 3 centimètres de largeur (*fig. 2*). Si vous n'avez pas de

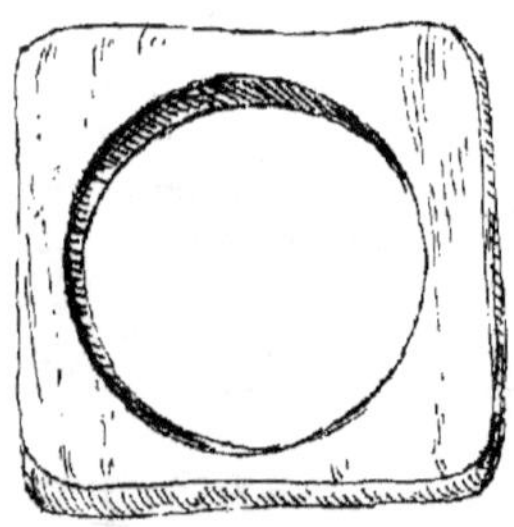

FIG. 2

coupe-pâte uni, vous pouvez découper le milieu au couteau en prenant un objet rond comme guide. bol ou autre.

Enlevez la partie découpée qui est au centre de la couronne et réservez-la.

Avec les rognures de feuilletage qui restent une fois la couronne enlevée (*fig. 3*) formez une boule de pâte en les rassem-

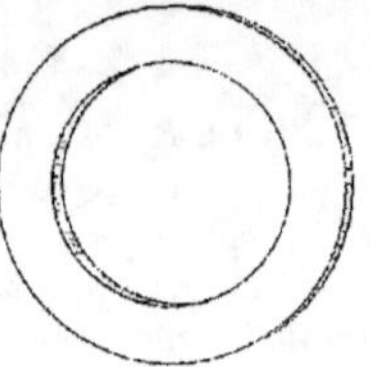

FIG. 3

blant à la main et abaissez-la pour former une abaisse carrée d'environ 18 centimètres de côté. Mettez cette abaisse sur une tourtière mouillée au centre et découpez la en rond du même diamètre que la couronne, ceci constituera le fond du vol-au-vent. Mouillez le tour de ce fond et posez bien d'aplomb dessus la couronne de pâte feuilletée.

Abaissez la partie de pâte enlevée au milieu de la couronne et réservée pour en faire une abaisse de même diamètre que la couronne et découpez-la au couteau, toujours de la grandeur de la croûte du vol-au-vent et bien en rond. Mouillez le dessus de la couronne de pâte feuilletée. mettez une légère pincée de farine sur le fond, au milieu de la couronne et posez le couvercle sur cette couronne en sorte que les bords se superposent parfaitement avec ceux de la couronne.

Evitez surtout de poser les doigts sur la tranche extérieure de la couronne car cela aurait pour effet d'empêcher le développement du feuilletage au four. Chiquetez la croûte de vol-au-vent comme les autres et dorez-en le dessus. Avec la pointe du couteau tracez le couvercle en suivant le bord intérieur de la couronne mais sans entailler entièrement l'épaisseur du couvercle. Rayez ce couvercle en losanges comme une galette et le tour de ce couvercle par des petites rayures en biais qui ont pour effet d'empêcher la croûte de rétrécir d'abord, et ensuite de brûler au four.

En opérant comme il a été dit ci-dessus vous obtenez une croûte de vol-au-vent dont l'intérieur est vide. C'est là la caractéristique de cette manière de faire, car, une fois cuite, il n'y a rien à retirer de cette croûte qui de plus sera plus haute que celles en une seule ou deux pièces.

CUISSON DES CROUTES DE VOL-AU-VENT. — La cuisson est certainement le point capital dans la confection des croûtes de vol-au-vent, aussi je vous recommande de lire attentivement ce qui va suivre si vous voulez obtenir un bon résultat.

Pour être belle, une croûte de vol-au-vent doit être mise dans un four bien chaud et terminer sa cuisson dans un four doux. Le meilleur mode de cuisson sera donc celui qui disposera de deux fours. La cuisinière ordinaire (je veux dire le fourneau de cuisine) à deux fours sera donc tout indiquée pour ce travail d'autant plus que dans les deux fours il y en a toujours un qui chauffe mieux que l'autre. Dans le cas où les deux fours chaufferaient également on pourra, pour modérer la chaleur de l'un d'eux, en fermer les coulisseaux ou le laisser entr'ouvert. S'il n'y a pas de coulisseaux ou encore si on ne dispose pas d'un second four il faudra, dès que le vol-au-vent commencera *à prendre un peu de couleur*, il faudra, dis-je, interposer entre lui et le foyer du fourneau une plaque de tôle ou deux ou trois briques réfractaires qui le protégeront des coups de feu.

Quand on met la croûte de vol-au-vent au four, il ne faut pas la doubler, c'est-à-dire qu'il ne faut pas mettre une seconde tourtière dessous. Au bout de 4 ou cinq minutes, si le four est à point, le feuilletage commence à augmenter de volume et à colorer à peine sur les bords. C'est le moment qu'il faut choisir pour doubler le

vol-au-vent et modérer la chaleur du four si on ne dispose que d'un seul. Si on a deux fours on mettra la croûte dans le four modéré et on évitera d'ouvrir souvent ce four car cela aurait pour effet de faire retomber le feuilletage. Si on n'a qu'un four on en fermera les coulisseaux s'il y en a ou on interposera la plaque de tôle entre le foyer et la croûte. Au bout de cinq nouvelles minutes on entrebâillera juste un moment la porte du four pour voir comment va le vol-au-vent et s'il ne se colore pas trop. Il faudra faire le plus vite possible. Si tout se passe régulièrement on refermera immédiatement la porte, si la croûte commence à colorer du côté exposé au feu on le retournera vivement et on laissera le four légèrement entrebâillé car c'est signe qu'il est trop chaud, le vol-au-vent ne devant commencer à colorer sur les côtés que 15 minutes au moins après l'entrée au four. Si le dessus du vol-au-vent colorait trop on le protégerait par une feuille de papier blanc mince posée dessus et on laisserait aussi le four entrebâillé, mais mieux vaut avoir un four modéré et fermé qu'un four chaud entrebâillé. On peut aussi couvrir le feu avec un peu de poussier de charbon et fermer la clef du fourneau à moitié ou entièrement si c'est nécessaire. Le temps de

Cause de l'échec. — Le beurre *a grainé* dans la pâte soit parce qu'on a omis de le manier avant de l'y mettre, ou qu'on l'aura mis sur la glace même avant de l'employer, ou encore qu'on aura mis le pâton de feuilletage à deux tours à même la glace ou qu'on l'aura exposé à la gelée.

Moyen d'y remédier. — S'il vous reste du feuilletage à quatre tours dans ces conditions, mettez-le dans un endroit de chaleur douce jusqu'à ce que les grains de beurre qui y étaient formés soient un peu ramollis. Allez dans un endroit frais et donnez à ce feuilletage trois tours de suite, détaillez vivement la croûte et cuisez-la aussitôt détaillée.

cuisson peut varier de 30 à 35 minutes suivant la chaleur du four et et la grosseur de la croûte de vol-au-vent. On juge si une croûte est suffisamment cuite d'abord à la couleur puis à la solidité. On juge de la solidité en appuyant *légèrement* la main sur la croûte, si celle-ci fléchit elle n'est pas suffisamment cuite, si elle résiste elle est à point et on la sort du four. Quand on cuit une croûte dans un four de petite taille il est indispensable de la tourner souvent d'un quart de tour à chaque fois pour qu'il ait une égale couleur de tous côtés.

Quand la croûte est cuite on la sort du four puis, à l'aide d'un petit couteau, on détache le couvercle.

Dans les croûtes en une ou deux pièces on enlève la mie contenue à l'intérieur sans cependant trop l'évider car la croûte serait d'une grande fragilité. Dans la croûte en trois pièces il n'y a rien à ôter, enlever le couvercle suffit. Ne laissez jamais refroidir une croûte de vol-au-vent sur une tourtière enlevez-la et mettez-la sur une grille, sinon elle contractera une mauvaise odeur de graillon ou de tôle.

OBSERVATION. — Un très bon emploi de la mie de vol-au-vent consiste à la convertir en pâte à choux. Pour ce faire on la met, aussitôt la sortie de la croûte, dans une terrine et on la mouille avec un ou plusieurs œufs entiers jusqu'à ce que l'on obtienne, en les travaillant à la spatule, une pâte lisse et homogène qui a toutes les propriétés de la pâte à choux. Parfumez cette pâte avec un peu d'eau de fleurs d'oranger et y mettre environ 5 grammes de sucre pour 25 grammes de mie de vol-au-vent.

On peut encore faire tremper cette mie dans l'eau fraîche puis bien l'exprimer dans un linge et la mélanger à la pâte brisée, elle sera ainsi utilisée. Si on n'a aucun besoin de pâte à choux ou de pâte brisée, on étale la mie sur une plaque et on la poudre de sucre puis on la passe au four pour la faire dorer, elle est très bonne ainsi surtout si on la mange chaude.

REMARQUES DIVERSES. — Si vous avez procédé exactement comme il a été dit ci-dessus, vous devez obtenir un bon résultat alors que de nombreux échecs vous attendent par suite de l'inobservation de l'un quelconque de ces détails.

PREMIER CAS. — La croûte de vol-au-vent ne monte pas au four et reste plate; cependant elle ne rend pas de beurre sur la tourtière pendant la cuisson et elle a un aspect gris. Le four était cependant bien chaud.

Causes de l'échec. — Dans ce cas, de deux choses l'une : ou le feuilletage a trop reposé entre les tours ou après le détail et avant la cuisson, ou encore il a été trop touré c'est-à-dire que par mégarde on aura donné sept ou huit tours au lieu de six ou encore on aura trop allongé le pâton en donnant les six tours ce qui revient au même, le beurre étant trop mélangé.

Moyen d'y remédier. — Si la croûte ou le feuilletage a trop reposé et qu'il vous reste du feuilletage à quatre tours donnez lui deux tours précipités et détaillez très vite une autre croûte d'une seule pièce (pour aller plus vite) et mettez-la à bon four immédiatement.

Si vous jugez que vous avez dû donner sept ou huit tours à la pâte feuilletée, il s'en suit que le feuilletage que vous croyiez à quatre tours en a cinq ou six. Le mieux dans ce cas est de le *rebeurrer* (voir plus loin la formule du feuilletage rebeurré.

DEUXIÈME CAS. — La croûte de vol-au-vent n'a pas monté quoique le four soit de bonne chaleur. elle a une belle couleur mais le dessus est comme granulé, la pâte est grise intérieurement et la croûte a rendu du beurre sur la tourtière pendant la cuisson.

TROISIÈME CAS. — La croûte du vol-au-vent a monté à une très grande hauteur puis elle a versé, elle est d'une très grande fragilité et de forme ovale.

Cause de l'échec. — Le feuilletage n'était pas suffisamment allongé c'est pourquoi il est trop fragile. Il n'était pas assez reposé et c'est pourquoi la croûte a versé au four et avait une forme ovale.

Moyen d'y remédier. — S'il vous reste du feuilletage à quatre tours, donnez-lui deux tours et demi. Pour donner un demi-tour on plie le pâton en deux au lieu de le plier en trois. Détaillez la croûte et laissez-la reposer cinq minutes de plus que la précédente.

QUATRIÈME CAS. — La croûte a monté normalement puis elle s'est affaissée, elle a rendu beaucoup de beurre à la cuisson et on compterait les feuillets du feuilletage, de plus il est coriace.

Cause de l'échec. — Vous avez cru que le feuilletage avait six tours et il n'en avait que quatre.

Moyen d'y remédier. — S'il vous reste du feuilletage à quatre tours rendez lui en deux et détaillez une nouvelle croûte.

Mais il pourrait aussi se faire qu'il n'en ait que deux et que vous croyez qu'il en a quatre, dans ce cas il faudrait lui donner quatre tours, deux par deux, avant de le détailler.

CINQUIÈME CAS. — La croûte n'a pas monté, elle est grise et comme chiffonnée.

Causes de l'échec. — 1° La détrempe était trop ferme et le beurre a fui au travers et collé à la table.

2° On a voulu faire du feuilletage avec du beurre mou ou encore on l'a fait dans un endroit chaud.

Moyen d'y remédier. — On ne peut que rebeurrer ce feuilletage suivant la formule qui suit (voir plus loin à l'énumération des formules).

Il y a plusieurs sortes de feuilletages qu'on utilise à son gré soit suivant ses ressources, sa fantaisie ou ce qu'on veut en faire, je me suis fait un devoir de vous énumérer toutes celles qui me sont connues :

FEUILLETAGE FIN. — La recette et les proportions du feuilletage fin ont été décrits dans la dernière leçon du cours : je me contenterai donc d'en rappeler simplement les proportions :

PROPORTIONS :

> 500 grammes de farine de gruau ;
> 10 grammes de sel ;
> 250 grammes à 280 grammes d'eau ;
> 500 grammes de beurre ferme.

FEUILLETAGE DEMI FIN. — PROPORTIONS :

> 600 grammes de farine de gruau ;
> 10 grammes de sel ;
> 330 à 350 grammes d'eau ;
> 500 grammes de beurre ferme.

PROCÉDÉ. — Détrempez la farine et le sel avec l'eau, vous aurez environ 950 grammes de détrempe que vous beurrerez avec 500 grammes de beurre. Détaillez à six tours mais allongez un peu moins le pâton ou alors détaillez à cinq tours et demi.

FEUILLETAGE COMMUN. — PROPORTIONS :

> 625 grammes de farine de gruau ;
> 15 grammes de sel ;
> 350 à 375 grammes d'eau ;
> 400 grammes de beurre.

PROCÉDÉ : Détrempez la farine et le sel avec l'eau, vous devez obtenir environ un kilog de détrempe. Beurrez cette détrempe avec 400 grammes de beurre. Détaillez à quatre tours et demi au lieu de six.

Les tours se donnent par deux pour commencer puis deux et demi ensuite.

Ce feuilletage s'emploie pour les galettes feuilletées et les petits feuilletés à la pièce ou encore pour les tartes en pâte feuilletée, mais dans ce dernier cas on donne cinq tours et demi et on laisse reposer vingt minutes avant de mettre au four.

FEUILLETAGE DIT DU LENDEMAIN. — Dans certains cas on aime faire du feuilletage qui puisse se conserver jusqu'au lendemain ; en voici une très bonne formule sûrement éprouvée :

PROPORTIONS :
    600 grammes de farine ;
    10 grammes de sel ;
    250 à 260 grammes d'eau ;
    500 grammes de beurre ;

PROCÉDÉ : Faites une détrempe avec 600 grammes de farine, 10 grammes de sel, 100 grammes de beurre et environ 250 à 260 grammes d'eau. Vous obtiendrez environ 950 à 970 grammes de détrempe que vous beurrerez avec 400 grammes de beurre.

Donnez deux tours, laisser reposer dix minutes et rendez deux autres tours ce qui fera quatre. Tenez le feuilletage dans un lieu bien frais jusqu'au lendemain en ayant soin de le couvrir pour qu'il ne croûte pas. Le lendemain au moment de vous en servir, donnez vivement deux tours pas trop allongés, détaillez et cuisez de suite sans laisser reposer. Le résultat sera très bon.

Dans les cas pressés je vous recommande d'user de ce procédé, car vous remarquerez que le feuilletage s'allonge très facilement (c'est un effet du beurre contenu dans la détrempe). En une demi-heure on peut avoir du feuilletage à six tours n'ayant pas trop de corps.

FEUILLETAGE EXPRESS. - Quoique expéditif le précédent procédé peut être encore jugé trop lent ; aussi je vais vous donner ici une manière encore plus expéditive mais je vous recommande de ne pas y avoir trop souvent recours, car ce n'est plus à proprement parler du feuilletage mais plutôt une pâte brisée feuilletée qui est beaucoup plus friable et sablée que le feuilletage. La connaissance de cette préparation pourra néanmoins vous rendre des services en cas d'urgence.

PROPORTIONS :
    600 grammes de farine ;
    750 grammes de beurre ;
    15 grammes de sel ;
    250 grammes d'eau.

PROCÉDÉ. — Detrempez ensemble la farine, le sel et le beurre convenablement manié avec l'eau mais sans travailler la pâte, juste assez pour la rassembler.

Saupoudrez légèrement la table de farine et donnez quatre tours consécutifs, ne laissez pas reposer la pâte, détaillez la et cuisez-la immédiatement.

Je recommande aussi cette manière de faire aux personnes n'ayant pas de beurre suffissament ferme ou ne disposant pas de local frais pour la confection du feuilletage. Je me hâte cependant de dire que ce même feuilletage sera plus joli s'il est fait avec du beurre ferme dans un local frais.

FEUILLETAGE REBEURRÉ. — On rebeurre le feuilletage dans plusieurs cas ;
    1° S'il est trop reposé ;
    2° S'il est trop touré ;
    3° S'il est de la veille n'ayant pas été préparé pour ;
    4° Si le beurre a traversé la pâte et qu'on ait eu un mauvais résultat à la cuisson ;
    5° Si on veut utiliser des rognures pour faire un gâteau bien feuilleté.

PROPORTIONS :
    1 kilog de feuilletage ;
    150 grammes de beurre.

PROCÉDÉ : Peser le feuilletage à rebeurrer et faites-en une abaisse carrée au milieu de laquelle vous étalez 150 grammes de beurre convenablement manié. Repliez le feuilletage pour bien entourer tout le beurre et donnez six tours deux par deux

I

IV

VI

Comment se fait u[ne] croûte de Vol-au-Vent

I. — Détrempez 250 grammes [de] farine et 5 gr. de sel avec 1[2]0 [ou] 1[4]5 gr. d'eau.

II. — Ramenez cette pâte en boul[e] et laissez-la reposer 10 minutes.

III. — Maniez 250 grammes [de] beurre pour lui faire rendre [le] petit lait et le rendre souple.

IV. — Étendez la détrempe au rouleau et placez le beurre au mi[lieu]. Rabattez la pâte sur le beurre pour l'envelopper com[plètement] et laissez reposer di[x] minutes.

V. — Allongez la pâte au rouleau sur une longueur d'environ [60] cent. de largeur, puis repliez-la en trois comme le montre la photo. Cette opération se nomme donner un tour. Il faut ainsi en donner 6 en 3 séries de deux espacées par un repos de dix minutes.

VI. — Faites une abaisse carrée de 2 centimètres d'épaisseur, et à l'aide d'un guide rond, taillez avec un couteau coupant bien la croûte de vol-au-vent au diamètre désiré. On taille en biais comme le montre la photo.

VII. — Placez l'abaisse, en la retournant, sur une tourtière légèrement humectée au centre de façon que le côté le plus large se trouve en dessous. Chiquetez le tour au petit couteau. Dorez le dessus. Tracez le couvercle et rayez-le et cuisez la 45 minutes environ à four chaud d'abord et modéré ensuite. Doublez la croûte après cinq minutes de cuisson.

VIII. — La croûte de vol-au-vent terminée. (Voir l'article très détaillé dans la 17e leçon du *Cours de Pâtisserie*.

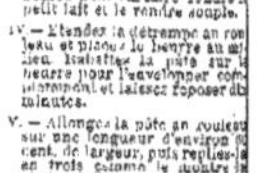

VII

II

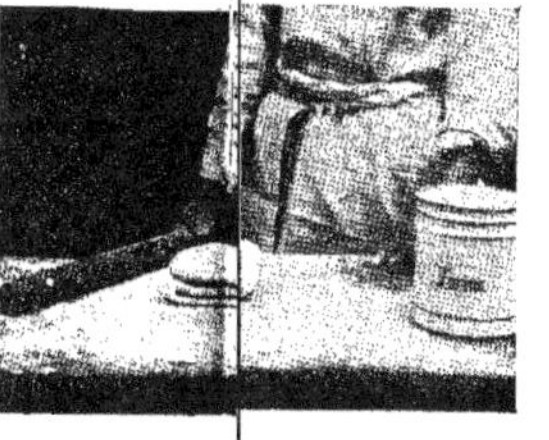

V

VIII

absolument comme si c'était du feuilletage ordinaire.

REMARQUE. — Il n'est pas rare de voir du feuilletage rebeurré être plus beau que du feuilletage frais. Je ne vous recommande cependant pas de le manquer exprès pour avoir le plaisir de le rebeurrer. Ce serait une perte de temps et de marchandise.

FEUILLETAGE (QUAND MÊME). — Il peut se faire qu'il vous soit tout à fait impossible de vous procurer de la farine de gruau et que vous vouliez *quand même* faire du feuilletage. En voici le moyen.

PROPORTIONS :

500 grammes de farine ordinaire ;

250 grammes d'eau ;

1/2 cuillerée à soupe de vinaigre de vin ;

1 œuf et 500 grammes de beurre.

PROCÉDÉ. - Détrempez ensemble la farine, le sel avec le vinaigre, l'eau et l'œuf. Beurrez la détrempe avec 500 grommes de beurre. Vous remarquerez que celle-ci a

beaucoup de corps Tourez le feuilletage par série de deux tours comme à l'habitude et détaillez-le à six tours. Laissez le reposer quelques minutes avant de le cuire si vous avez remarqué que le feuilletage avait tendance à se retirer quand vous l'abaissiez au rouleau, sinon cuisez-le de suite.

REMARQUE. — Certains praticiens emploient ce procédé pour pouvoir préparer leur feuilletage la veille ; mais c'est bon dans les maisons de pâtisserie ordinaire ou industrielle fabriquant de grandes quantités de pâtisserie ; mais je ne recommande pas ce procédé et ne l'ai indiqué que pour la précédente cause, quand on ne peut se procurer de la farine de gruau. Il y a toujours un léger arrière-goût au feuilletage que les palais ordinaires ne remarqueront pas, mais qui n'échappera pas aux autres.

Ce paragraphe termine ce que j'avais à dire sur les croûtes de vol-au-vent ; je pense m'être suffisamment expliqué et suis à votre disposition pour tous autres renseignements.

DIX-NEUVIEME LEÇON

LES CROUTES DE BOUCHÉES ET LES GATEAUX FEUILLE-TÉS. — Les bouchées garnies différemment sont d'un grand appoint au répertoire des hors-d'œuvre chauds et on peut les servir souvent sans crainte de fatiguer ses convives si on a soin d'en varier la garniture. C'est un hors-d'œuvre peu coûteux car il permet d'utiliser nombre de dessertes : volaille, gibier, poisson, viandes rôties même. Taillées en salpicon avec quelques quenelles, champignons et truffes et liées avec une sauce appropriée elles sont succulentes et toujours appréciées. Il est donc utile de pouvoir en faire les croûtes car, si en ville il est facile de faire faire pour une somme modique, des croûtes de bouchées chez le pâtissier il n'en est pas de même quand on est à la campagne où les ressources manquent.

De plus on aime mieux servir un plat fait entièrement à la cuisine et c'est une satisfaction d'amour-propre en même temps qu'un passe temps agréable pour une maîtresse de maison.

J'ai pensé qu'il serait bon d'y revenir au cours de cette leçon qui fait suite à celle qui donne les différentes façons d'apprêter le feuilletage.

Vous pouvez à votre gré choisir celle des formules qui vous convient le mieux parmi celles qui ont été données dans la dernière leçon. Elles sont toutes également bonnes et ont chacune curs avantages.

Quand le feuilletage aura six tours ou cinq tours et demi ou encore cinq tours suivant la formule choisie, en un mot quand il sera prêt à détailler, abaissez-le à un centimètre d'épaisseur et détaillez à l'aide des coupe-pâte cannelés (fig. 1) des rondelles de la largeur dont vous désirez les bouchées. Le feuilletage rétrécissant toujours un peu à la cuisson on prend généralement un

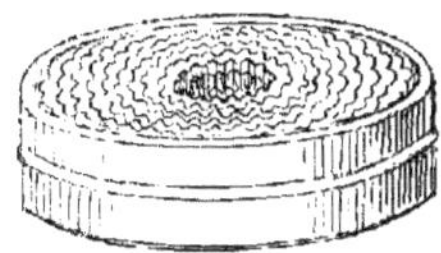

Fig. 1. — Boîte coupe-pâte cannelé.

coupe-pâte de 8 à 9 centimètres de diamètre. On fait parfois aussi des croûtes de bouchées pour servir de garniture à un filet de bœuf, une noix de veau, un aloyau ou toute autre pièce dans ce cas là on se sert d'un coupe-pâte de 5 à 6 centimètres de diamètre.

Evitez de couper les rondelles trop sur les bords du feuilletage car, si le pliage n'a pas été parfaitement régulier il se pourrait que les bouchées ne montent pas du côté qui aurait été coupé trop sur les bords par suite de l'irrégulière superposition des couches de beurre et de détrempe dans le feuilletage.

Mouillez alors une plaque ou une tourtière à l'aide d'un pinceau et rangez dessus les rondelles de feuilletage en ayant soin de les retourner, de les espacer suffisamment, d'en appuyer le centre pour qu'elles se fixent sur la plaque et de toucher le moins possible avec les doigts le tour des bouchées qui a été coupé à vif. Quand vous détaillez les bouchées avec le coupe-pâte cannelé il faut le faire bien franchement pour que le feuilletage soit coupé et non aplati. On pose d'abord le coupe-pâte à l'endroit voulu puis on appuie fortement et d'un seul coup avec la paume de la main pour que le feuilletage soit coupé net. On enlève alors le coupe-pâte qui doit entraîner avec lui la rondelle de feuilletage. Avec un ou deux doigts de la main droite on pousse cette abaisse de l'intérieur du coupe-pâte et on reçoit celle-

ci dans la main gauche.

Quand on en a deux ou trois on les met de suite sur plaque en les retournant.

Il faut avoir soin que les coupe-pâte soient toujours parfaitement propres et qu'il ne reste pas de pâte durcie dans les dents car alors ils coupent moins bien. Il faut donc les laver après chaque usage, les essuyer et les faire sécher à l'étuve ou près du fourneau avant de les ranger pour qu'ils ne rouillent pas. Si un coupe pâte tombe sur les dents il se déforme, celles-ci rentrent en dedans et ne coupent plus le feuilletage, il est alors hors d'usage. Veillez donc bien à ne pas les laisser traîner et à les ranger vivement pour éviter les chocs toujours préjudicables à leur bon fonctionnement. Ces détails pourront vous paraître oiseux ils sont pourtant d'une importance capitale pour la réussite des gâteaux feuilletés ou croûtes de bouchées.

Quand les bouchées seront rangées sur plaques dorez-les avec un pinceau doux trempé dans l'œuf battu en ayant soin que la dorure ne coule pas sur les bords, car en se solidifiant au four elle empêcherait le feuilletage de lever à la cuisson.

A l'aide d'un petit couteau, tracez un couvercle à un demi-centimètre du tour et rayez le milieu de ce couvercle avec la lame posée presque à plat (fig. 3.)

Laissez reposer un peu les bouchées avant de les mettre au four pour quelles ne se retirent pas à la cuisson s'il y a moins de dix à quinze minutes que vous avez donné les deux derniers tours au feuilletage.

La cuisson des bouchées à la reine est exactement la même que celle des croûtes du vol-au-vent. On les met au four *sans les doubler*, à four très chaud et, au bout de 4 à 5 minutes, si elles prennent de la couleur on les double par une seconde plaque ou tourtière et on modère la chaleur du four à moins qu'on en ait un deuxième un peu moins chaud. On les change alors de four et on veille à leur cuisson en les retournant de temps en temps pour qu'elles cuisent également de tous côtés. Une croûte de bouchée à la reine bien réussie doit avoir la forme de la *fig. 3*. Elle doit avoir 5 à 6 centimètres de hauteur et être de belle couleur dorée.

Les causes d'échecs sont les mêmes dans l'éxécution des bouchées à la reine que dans celle des croûtes de vol-au-vent. Les moyens de remédier aux diverses malfaçons pour amener à bien la pâte feuilletée sont aussi les mêmes. Je vous prie donc de vouloir bien vous reporter à toutes les recommandations et observations faites à ce sujet dans la précédente leçon.

Quand les croûtes de bouchées sont cuites, on enlève le couvercle avec la pointe d'un couteau d'office et on retire la mie qui se trouve au milieu. On remet alors les couvercles sur les bouchées et on relève celles-ci sur une grille pour qu'elles y refroidissent sans prendre le goût de fer ou de graillon qu'elles ne manqueraient pas de prendre en refroidissant sur la plaque de tôle.

CROUTES DE BOUCHÉES EN DEUX PIÈCES. — Certains praticiens font quelquefois les croûtes de bouchées en deux pièces. Je trouve que c'est inutile car j'y vois une perte de temps. Néanmoins je dois vous signaler leur manière de faire vous laissant libre d'essayer et de juger la manière de faire que vous préférez.

Quand le feuilletage sera abaissé de 6 millimètres d'épaisseur environ détaillez au coupe pâte cannelé des rondelles du diamètre que vous désirez. Placez ces

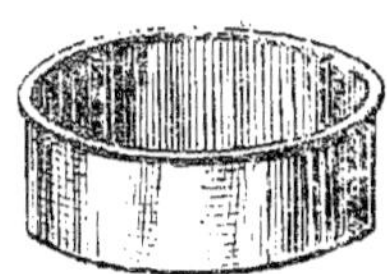

Fig. 4. — Coupe-pâte uni.

rondelles sur plaque légèrement mouillée en les retournant. Faites une seconde abaisse de 4 millimètres d'épaisseur et taillez à nouveau autant de rondelles que vous en avez déjà sur plaque. Avec un coupe-pâte uni (*fig. 4*) enlevez au milieu de ces rondelles une partie de la pâte, en sorte qu'il vous reste une couronne d'environ 1/2 centimètre de largeur. Mouillez le tour des premières abaisses et posez dessus les couronnes en les superposant bien et en ayant soin de les retourner.

Dorez au pinceau le dessus de cette couronne et le milieu de la première abaisse sans qu'il coule de dorure sur les bords intérieurs ou extérieurs de la couronne. Tracez le couvercle avec la pointe d'un couteau en suivant l'intérieure de la couronne, rayez le milieu avec quelques traits et cuisez ces croûtes comme les précédentes.

Il y a une minime économie de pâte peut-être 2 grammes par croûte de bouchée et qui ne compense pas à mon avis la perte de temps. De plus, je reproche à ces croûtes de bouchées leur couvercle qui est d'une très grande fragilité car il ne cuit qu'avec difficulté n'étant pas exposé directement au calorique du four.

GATEAUX FEUILLETÉS — On fait en pâtisserie de nombreux gâteaux feuilletés qui sont très appréciés avec le thé ou le goûter de 4 heures des enfants.

Les gâteaux feuilletés ordinaires se font généralement en forme de losange rayé en feuille sur le dessus. (*fig. 5*).

Le feuilletage demi fin et même le feuilletage ordinaire font de très bons feuilletés. On peut néanmoins les faire en feuilletage fin.

FIG. 5. — Gâteau feuilleté en losange.

Quand le feuilletage a le nombre de tours voulu on l'abaisse à environ 6 à 7 millimètres d'épaisseur et, avec un couteau, on taille des bandes de 6 à 8 centimètres de largeur dans toute la longueur de l'abaisse. On peut tailler ces bandes avec un petit couteau en se servant du rouleau comme règle ou encore les couper avec un grand couteau (*fig. 6*). Décollez ces bandes et placez-les l'une à côté de l'autre comme le montre la *fig. 7*. Enlevez les rognures inutiles. Taillez alors en biais comme le montre la *fig. 8,* soit avec un grand couteau ou avec un petit en se servant d'un rouleau comme règle. C'est la meilleure manière pour détailler des losanges sans avoir trop de rognures.

Relevez ces losanges et rangez-les sur plaques en les espaçant suffisamment. Appuyez pour les faire adhérer à la plaque. Dorez le dessus et rayez en forme de feuille *fig. 8.*

Cuisez-les à four chaud comme les bouchées à la reine. Quand ils sont presque cuits poudrez-les légèrement de sucre glace et veillez-les de près car ils pourraient brûler. Aussitôt qu'ils seront bien brillants retirez-les et mettez-les refroidir sur grille. Les feuilletés sont délicieux chauds avec le thé ou

tièdes avec les crèmes et les compotes de fruits.

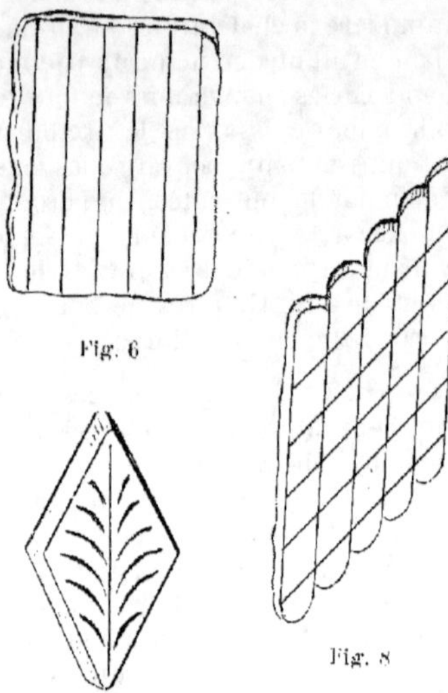

Fig. 6

Fig. 7

Fig. 8

FEUILLETÉS RONDS. — On fait aussi des feuilletés ronds qu'on taille à l'emporte-pièce cannelé comme les bouchées à la reine, mais de 6 à 7 millimètres d'épaisseur en plus. On les place sur plaque mouillée en les retournant, on les appuie au centre puis on les dore à l'œuf battu et les raye en galette. Avec le doigt mouillé on fait une concavité au centre et on y place un peu de crème pâtissière, de crème d'amandes ou de marmelade d'abricots (*fig. 8 et 9*).

Se cuisent à four chaud. Il est bon de doubler les plaques à la cuisson pour qu'ils ne brûlent pas en dessous. Les glacer au four comme les feuilletés en losange.

FEUILLETÉS OVALES SUCRÉS OU COUQUES. — Ces feuilletés sont plus connus sous le nom de couques, langues de bœuf et mêmes langues de femme dans certaines contrées.

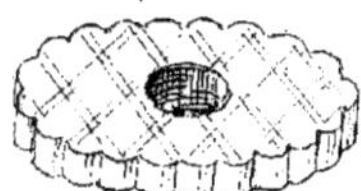

Fig. 9

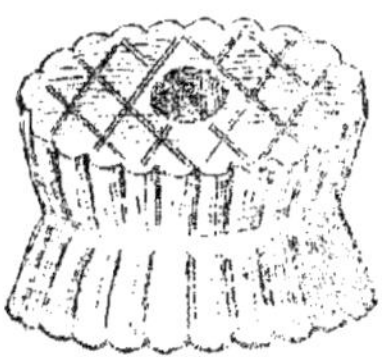

Fig. 10

Ils se font de diverses tailles, soit qu'on les destine au goûter des enfants à un buffet de soirée ou de lunch ou encore à un thé.

Pour les goûters on les fait de la taille des feuilletés à 0.05, pour les buffets on les fait de la moitié de cette grandeur et enfin pour le thé on les fait tout petits comme des petits fours.

La préparation est exactement la même dans un cas comme dans l'autre, aussi n'expliquerons nous que celle des feuilletés de grande taille.

Faites, comme ci-dessus indiqué, une abaisse de feuilletage prêt à être détaillé c'est-à-dire ayant le nombre de tours voulu. qui variera suivant qu'on emploiera du feuilletage demi-fin, ordinaire ou fin. Faites donc une abaisse, dis-je, ayant au plus 5 millimètres d'épaisseur et taillez dans cette abaisse avec le coupe-pâte cannelé des rondelles d'environ 6 centimètres de diamètre, Rangez-les de côté sur la table et brossez bien toute la farine qui pourrait rester sur celle-ci.

Prenez du sucre semoule et semez en une couche d'un centimètre d'épaisseur sur 20 de longeur et autant de largeur.

Au milieu de ce sucre posez une rondelle de pâte feuilletée et, avec le rouleau légèrement fariné pour qu'il ne colle pas après la pâte, allongez cette rondelle pour lui donner une forme ovale d'environ 15 centimètres de longueur. Faites en sorte que l'épaisseur de la pâte soit régulière sur toute la longueur. Placez ce feuilleté sur une plaque légèrement mouillée, le côté sucré *en dessus* et faites de même pour les autres rondelles de pâte.

Cuisez à four moyen pour que le sucre ne brûle pas à la cuisson et que les couques soient dorées quand elles seront cuites. Si les euilletés prenaient trop de couleur avant la cuisson complète. il faudrait entr'ouvrir le four pour la terminer.

Relevez sur grilles pour les faire refroidir.

Les feuilletés ovales pour buffet de bal ou de soirée se taillent avec le coupe-pâte de 4 centimètres de diamètre et de 4 millimètres d'épaisseur de pâte.

Fig. 11. — Couque feuilletée

Les petits fours se taillent de 3 centimètres de diamètre et de 3 millimètres d'épaisseur.

REMARQUE. — Veillez bien à la cuisson car c'est celle-ci qui importe le plus pour la réussite du feuilleté qui doit être croustillant et d'un beau roux doré. Trop coloré les feuilletés seraient amers.

CHAUSSONS AUX POMMES. — Faites une abaisse de feuilletage de trois millimètres au plus d'épaisseur et taillez dans cette abaisse des rondelles de

IV

VI

Comment se fait le Chausson aux Pommes

I. — Détrempez 300 grammes de farine, 4 grammes de sel avec 2 décilitres d'eau. Formez en boule et laisser reposer 10 minutes.

II. — Abaissez cette pâte au rouleau, mettez au milieu 125 grammes de beurre bien manié et repliez la pâte.

III. — Allongez la pâte en rouleau et repliez-la en 3 sur elle-même. Cela s'appelle un tour. Donnez 2 tours consécutifs et laissez reposer 10 minutes.

IV. — Donnez à nouveaux tours, puis un demi-tour en repliant la pâte simplement, ou 2 laissez reposer 5 minutes et pendant ce temps pelez 500 grammes de pommes.

V. — Emincez les pommes, sucrez-les avec 50 grammes de sucre en poudre et aspergez avec quelques gouttes de rhum.

VI. — Faites avec la pâte feuilletée une abaisse ronde de 4 à 5 millimètres d'épaisseur, mettez les pommes sucrées au milieu et mouillez légèrement le tour de la pâte.

VII. — Pliez l'abaisse en 2 après l'avoir posée sur une plaque; en rapprochant les bords de la pâte, appuyez-les bien pour qu'ils se soudent et repliez-les sur eux-mêmes pour former une bordure. Dorez le chausson ainsi formé et rayez le.

VIII. — Le chausson terminé demande 30 minutes de cuisson à four doux. Quand il est à peu près cuit, on le saupoudre légèrement de sucre glacé et on le met au four chaud quelques instants, le sucre fond et forme vernis.

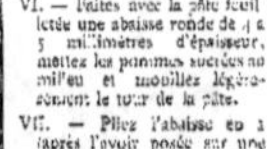

III

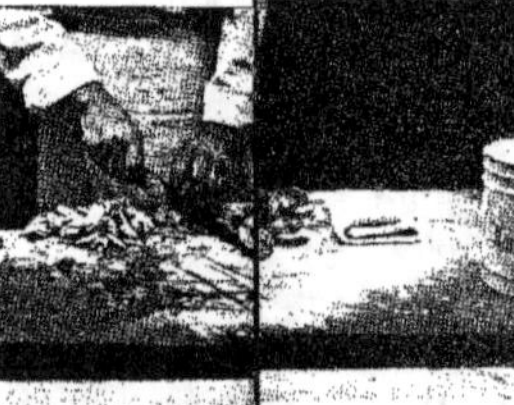

V

VIII

10 à 12 centimètres de diamètre, au coupe-pâte cannelé.

Au milieu de ces rondelles mettez une cuillerée à potage de marmelade de pommes et mouillez avec un pinceau humide le tour de ces rondelles. Pliez-les en deux et appuyez bien les bords pour souder les deux abaisses entre elles, en sorte que la marmelade ne sorte pas à la cuisson. Posez-les sur plaques mouillées légèrement. Dorez-les et rayez-les en forme de feuille avec le dos d'un petit couteau d'office. Cuisez-les à four chaud et glacez-les au sucre glace et au four comme les autres gâteaux feuilletés.

CHAMPIGNYS. —Gâteaux feuilletés à la marmelade d'abricots, délicieux pour le goûter des enfants ou comme desserts aux grands repas.

Faites une abaisse mince (environ 2 millimètres d'épaisseur) en rognures de feuilletage si vous en disposez ou en feuilletage à 6 ou 8 tours pour qu'ils ne montent pas trop.

Posez cette abaisse mince sur une plaque légèrement mouillée et garnissez-la à quelques centimètres des bords d'une légère couche de marmelade d'abricots *non passée* au tamis, pour qu'il y reste des fruits entiers. Faites une seconde abaisse de même épaisseur et piquez-la bien à la fourchette sur le marbre même ou sur la planche à pâtissorie. Mouillez le tour de la première abaisse et posez la seconde dessus. Appuyez bien les bords pour que la marmelade ne coule pas à la cuisson. Dorez cette abaisse après avoir coupé les bords pour bien la régulariser et cuisez à four moyen pour que le tout ne colore pas trop et cuise bien, ce qui demande un certain temps, vu la marmelade qui amollit l'abaisse du dessous.

Relevez sur une grille aussitôt la cuisson terminée et laissez bien refroidir. Poudrez une fois froid avec du su-

cre glace et détaillez en carrés de cinq centimètres de côté environ.

On peut fourrer l'abaisse avec toutes sortes de marmelades, notamment de marmelade de framboises avec *pépins*. Dans ce cas les gâteaux prennent le nom de Linzer feuilletés ou de feuilletés aux fruits.

ALLUMETTES FEUILLETÉES. — Préparez de la glace royale en mettant un blanc d'œuf dans un bol et en lui mélangeant à la spatule autant de sucre glace tamisé qu'il en faut pour obtenir une pâte mollette.

Travaillez bien cette pâte à la spatule pour la rendre plus légère et mousseuse. Elle augmentera de volume et deviendra légère. On voit qu'elle est à point lorsqu'en formant une aiguillette, en retirant doucement la spatule, cette aiguillette ne s'affaisse pas et reste droite. Si la glace s'affaisse encore, ajoutez une petite quantité de sucre glace et travaillez la jusqu'à ce que vous soyez arrivé à ce résultat.

Faites alors une abaisse de feuilletage à 6 tours de 3 millimètres d'épaisseur, puis taillez-la en une bande de 10 à 12 centimètres de largeur sur toute la longueur de l'abaisse.

Etalez au couteau la glace royale sur cette abaisse en une couche aussi mince que possible. Taillez ensuite de 3 centimètres et demi ou de 4 centimètres et relevez les allumettes sur une plaque en les espaçant suffissamment Ne mouillez pas la plaque car la buée qui se produirait à la cuisson pourrait faire frisser la glace royale.

Cuisez à four très doux pendant 20 ou 25 minutes.

CONDÉS FEUILLETÉS. — Même procédé et même taille, ajoutez seulement à la glace royale environ 100 grammes d'amandes hachées pour un blanc d'œuf. Taillez de même dimension et cuisez de même façon.

La cuisson doit se faire à four doux pour que la glace ne colore pas, ce qui serait instantanément fait dans un four chaud ou de chaleur moyenne.

JÉSUITES. — Faites une abaisse de feuilletage à 6 tours d'environ 15 centimètres de largeur et 3 millimètres d'épaisseur. Garnissez le milieu de cette abaisse avec un cordon de crème cuite (crème pâtissière dont la recette a été donnée précédemment) parfumée au rhum.

Mouillez les bords de l'abaisse et pliez-la en deux. Soudez bien les bords.

Étalez sur la pâte une mince couche de glace royale avec amandes hachées, comme pour les condés, dont la recette est donnée ci-dessus.

Parez les bords de cette abaisse et

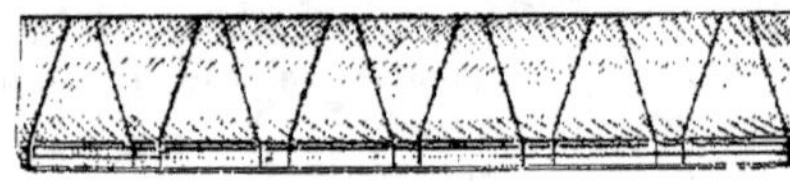

Fig. 12

détaillez en triangles comme le montre la fig. 13.

Rangez les sur plaque non mouillée en les espaçant suffisamment et cuisez les 30 à 35 minutes à four doux.

CORNETS A LA CRÈME. — Les cornets feuilletés à la crème se cuisent dans des moules en forme de cornets. ces moules sont généralement en tôle ou en fer-blanc étamé. (Voir *fig. 14*). feuilletage que vous rassemblez et auxquelles vous donnez deux tours.

Cette abaisse doit avoir 30 centimètres de largeur et 3 millimètres d'épaisseur.

Taillez-la en bandes de 3 centimètres de largeur et mouillez celles-ci légèrement. Enroulez la bande sur un moule

à cornet en la faisant chevaucher à chaque tour sur la bande précédente. (Voir *fig. 15*). Arrivé à trois centimètres du haut du moule, faites un tour tout droit et rompez avec le doigt

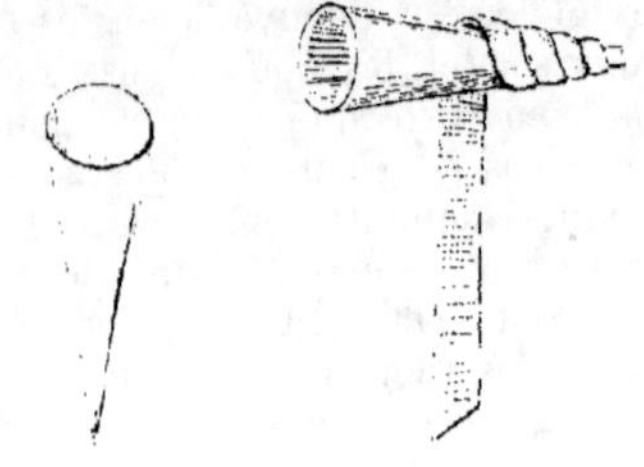

Fig. 14.
Moule à cornet.

Fig. 15.
Comment on roule un cornet

Faites une abaisse en rognures de l'excédent de pâte feuilletée. Posez le cornet sur une plaque légèrement mouillée et appuyez-le pour qu'il ne roule pas au tour pendant la cuisson. Dorez-les et cuisez-les 15 minutes environ à four chaud. Quelques secondes avant que celle-ci soit terminée, amenez-les à l'entrée du four et poudrez-les légèrement de sucre glace puis repassez-les au four pour que le sucre fonde et forme vernis.

Démoulez-les alors et laissez-les refroidir sur grille.

Les cornets se garnissent de crème pâtissière dont la recette a déjà été donnée dans de précédentes leçons. J'en répète la formule pour vous éviter de plus longues recherches.

PROPORTIONS :

500 grammes de sucre en poudre ;
12 ou 14 jaunes d'œufs ;
100 grammes de farine ;
1 litre de lait ;
1 gousse de vanille.

PROCÉDÉ. — Faites bouillir le lait dans une casserole et mettez-y infuser la gousse de vanille coupée en deux,

Travaillez à part, dans une terrine, le sucre et les jaunes d'œufs. Quand le mélange sera devenu léger, mousseux et blanchâtre, mélangez-y la farine tamisée, puis délayez-le avec le lait bouillant. Remettez le tout dans la casserole et faites le bouillir sur feu modéré sans cesser de le remuer au fouet. Débarrassez dans une terrine, retirez la gousse de vanille et remuez de temps à autre avec une spatule pour éviter qu'une croûte se forme dessus en refroidissant.

POUR GARNIR LES CORNETS A LA CRÈME. — Il faut autant que possible que les cornets et la crème soient froids pour garnir les cornets. En effet, si la crème est chaude elle est liquide et peut couler si on range les cornets à plat. Si la crème est froide et que les cornets soient chauds, ceux-ci ramolis-

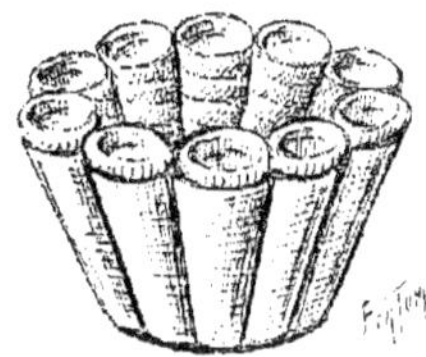

Fig. 18. — Cornets rangés dans un moule à brioche.

sent la crème et peuvent même la faire surir pendant les chaleurs. Il n'y a aucun inconvénient à craindre en garnissant les cornets avec de la crème froide. Pour ce faire on on garnit une poche munie d'une douille unie avec de

la crème pâtissière et on la tient de la main droite. On prend *à pleine main* un cornet de la main gauche. On enfonce *autant que possible* la poche dans le cornet et on pousse un peu fort pour que la crème aille bien au bout du cornet. On retire alors la poche et on secoue fortement la main en tenant l'ouverture du cornet en haut pour faire encore descendre celle-ci. On termine ensuite en garnissant le cornet jusqu'en haut. Lissez alors la crème avec un couteau et posez sur plat ou assiette garnie d'une dentelle.

Si la crème et les cornets sont chauds on procède autrement :

On range les cornets debout dans un moule à brioche voir (*fig. 16*) ou ils se rangent très bien vu la forme du moule On les range naturellement l'ouverture en haut, puis on garnit une poche d'une douille unie et on l'emplit avec la crème pâtissière. Il est alors facile de garnir les cornets jusqu'en haut, mais il faut avoir soin de ne pas faire de bavures qui souilleraient les cornets. On laisse refroidir les cornets dans cette position et on les range quand ils sont complètement froids sur un plateau garni d'une dentelle en lingerie ou en papier.

REMARQUE. — Il est inutile de beurrer les moules à cornets ainsi du reste que les plaques ou moules où on cuit du feuilletage, car celui-ci est toujours suffisamment gras et se détache bien sans cela. On mouille simplement les moules ou la pâte pour que celle-ci adhère bien pendant le dressage des gâteaux ou le fonçage des moules.

VINGTIÈME LEÇON

GATEAUX FEUILLETÉS (*suite*). — Faites une abaisse en feuilletage ayant le nombre de tours voulu pour être détaillé (on a vu dans une leçon précédente que le nombre de tours varie suivant la composition du feuil letage) et taillez dans cette abaisse deux bandes d'environ 10 centimètres de largeur.

Posez une de ces bandes sur une plaque en tôle légèrement mouillée. Mouillez les bords de la pâte et garnissez le milieu d'une légère couche de marmelade d'abricots.

Pliez la seconde bande en deux et coupez la partie pliée avec le talon de a lame d'un grand couteau, comme le montre la figure 1. Dépliez cette abaisse et posez-la sur la première. Appuyez

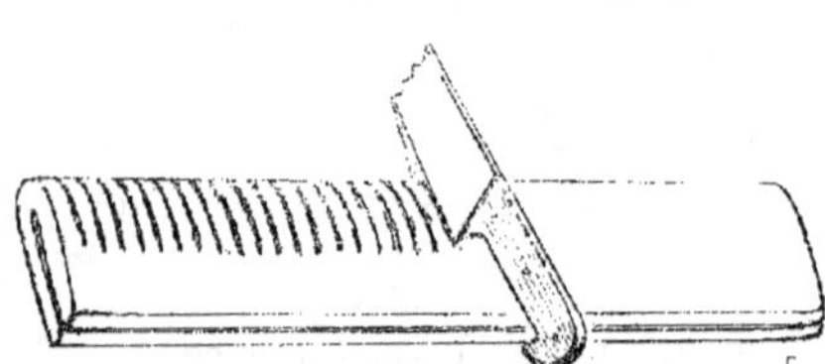

Fig. 1

bien les bords pour les souder intimement et empêcher la confiture de s'échapper à la cuisson. Coupez les bords correctement et chiquetez le tour avec le dos d'un petit couteau d'office.

Dorez le dessus de la bande et cuisez à four moyen pendant 30 minutes environ. Au sortir du four, abricotez-la et semez sur les bords et dans toute la longueur du petit sucre en grains. Découpez alors la bande en morceaux réguliers d'environ 4 centimètres de largeur. Relevez les et laissez-les refroidir sur grille (voir fig. 2).

DARTOIS. — Il y a une grande similitude entre les dartois et les jalousies.

Les dartois se garnissent avec une légère couche de crème d'amandes dont la recette suit.

Fig. 2

CRÈME D'AMANDES POUR DARTOIS. — PROPORTIONS :

- 125 grammes d'amandes mondées ;
- 125 grammes de sucre en poudre ;
- 125 grammes de beurre fin ;
- 2 œufs entiers ;
- 1 petit verre de rhum ;
- 2 cuillerées à soupe de crème pâtissière (facultatif).

PROCÉDÉ. — Pilez finement au mortier le sucre, les amandes en mouillant avec les œufs entierspour ne pas huiler l'appareil. Ramollissez le beurre en pommade et ajoutez-le au mélange finement pilé. Parfumez avec le rhum.

On peut remplacer le rhum par une pincée de sucre vanillé.

La crème d'amandes ainsi préparée est très bonne, mais un peu sèche, et c'est pourquoi on peut lui ajouter un peu de crème pâtissière.

Certaines personnes préfèrent cette crème qui est beaucoup plus moelleuse.

On peut encore, et certains pâtissiers le font par économie, préparer une bonne crème d'amandes en mélangeant simplement de la poudre d'amandes dans la crème pâtissière et en parfumant celle-ci soit à la vanille, soit au rhum. Dans ce cas, il faut apporter une grande attention en soudant les gâteaux, car, à la cuisson, la crème pâtissière entre en ébullition, ramollit et coule parfois, ce qui nuit, au coup d'œil d'abord, et ensuite à la finesse du gâteau qui arrive ainsi à n'être plus suffisamment garni de crème.

RECETTE DES DARTOIS. — Préparez deux bandes, de même dimension que pour les jalousies, en feuilletage. Posez la première sur une plaque mouillée et humectez-en les bords, garnissez le milieu avec la crème d'amandes et recouvrez avec la seconde abaisse non incisée cette fois. Dorez le dessus de la bande en ayant soin de ne pas faire couler de dorure sur les bords, ce qui aurait pour conséquence d'empêcher le feuilletage de lever à la cuisson.

Marquez légèrement avec la pointe d'un couteau d'office l'endroit où vous

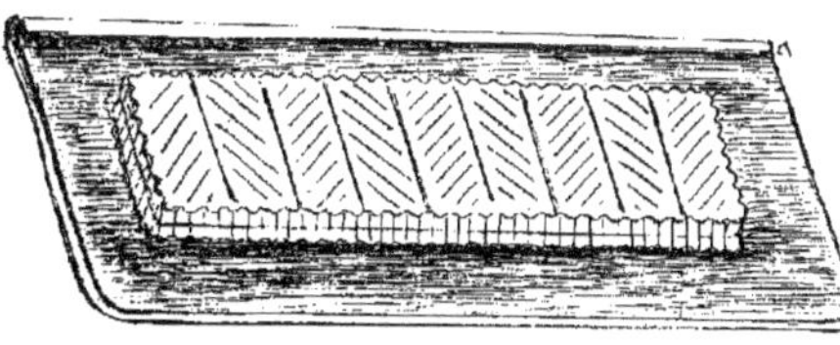

Fig. 3

découperez la bande une fois cuite et rayez chaque intervalle comme le montre la figure 3. Cuisez à bon four moyen et, quand la cuisson est achevée, poudrez légèrement de sucre glace le dessus de la bande. Repassez au four jusqu'à ce que ce sucre soit fondu et forme vernis et détaillez aussitôt sorti du four, suivant les divisions tracées avant la cuisson. Voir figure 4, montrant un dartois cuit et découpé.

OBSERVATIONS. — On peut, comme le font du reste les pâtissiers, faire la

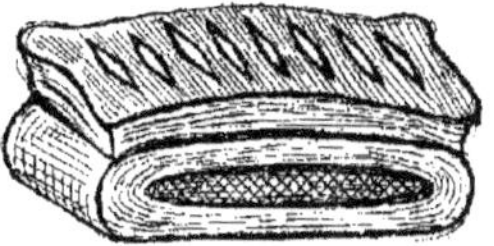

Fig. 4

bande du dessous des jalousies et des dartois en rognures de feuilletage si on en dispose. Si je ne l'ai pas dit au début, c'est qu'il est rare que dans son ménage on ait des rognures de feuilletage. On fait plutôt de la pâte feuilletée suivant les besoins, et c'est sur cette circonstance que je me suis basé pour donner les deux recettes ci-dessus.

La bande du dessous peut avoir seulement 2 à 3 millimètres d'épaisseur et celle du dessus 5 millimètres environ.

Quand on fait les jalousies et les dartois en plein feuilletage, comme il est indiqué ci-dessus on peut faire les deux abaisses ayant toutes deux une même épaisseur de 4 millimètres. Cela simplifie la façon en permettant de faire une seule abaisse au lieu de deux ; on partage celle-ci en deux dans le sens de la largeur. *En aucun cas, ne détailler ces gâteaux plus épais, car ils doivent être très légers et non pâteux.*

MILLE-FEUILLES OU TOM POUCE.
— Faites une abaisse en rognures de
feuilletage ou à défaut, en feuilletage
commun dont la recette a été donnée
dans le n° 23 de *Culina* 1er octobre dernier, page 212 et dans la 18e leçon de ce
cours. Donnez seulement cinq tours
à ce feuilletage (au lieu de quatre et
demi qu'on lui donne d'habitude), et
cela pour le rendre plus solide. Donnez
un demi-centimètre d'épaisseur à cette
abaisse et posez-la sur une plaque à pâtisserie légèrement humide. Coupez les
bords pour avoir une abaisse régulière
et piquez-la bien avec une fourchette
pour l'empêcher de boursoufler à la
cuisson.

Les tom-pouce ou mille-feuilles se dé
taillant en bandes de 10 centimètres
environ, faites en sorte que l'abaisse
ait cette largeur un nombre exact de
fois, soit en longueur ou en largeur,
pour n'avoir pas de rognures en excès.
Cuisez cette abaisse de feuilletage (après
l'avoir laissée reposer 10 minutes) à four
très doux sans la dorer et évitez de la
laisser colorer à la cuisson.

Quand elle sera cuite, détaillez-la en
bandes de 10 centimètres de largeur, en
vous servant de la pointe d'un petit couteau d'office, ce qui permet de la détailler sans briser le feuilletage qui a
toujours tendance à s'émietter et sans
le tasser aussi.

Relevez ces bandes sur grille et lais
sez-les y refroidir. Garnissez ensuite la
première de ces bandes d'une couche
de crème pâtissière et recouvrez-la
d'une seconde bande. Nouvelle couche
de crème pâtissière et recouvrez, pour
finir, avec la troisième bande que vous
retournez pour qu'elle présente une
surface bien unie et aussi lisse que possible.

Poudrez à la glacière le dessus de
cette bande avec du sucre glace et détaillez-la en morceaux de 4 centimètres
environ de largeur.

OBSERVATIONS. — Dans certaines
régions on substitue à la crème pâtissière de la marmelade d'abricots va-
nillée ou parfumée au kirsch. Dans
d'autres, on met une couche de chacune.
On peut encore les fourrer à la gelée de
groseilles et marmelade d'abricots ou
crème pâtissière. Les combinaisons
sont multiples et je m'y arrêterai pas
plus longtemps.

Certains praticiens terminent aussi
les mille-feuilles d'une autre manière,
ils abricotent le dessus avec une marmelade d'abricots et le glacent ensuite
avec une glace à l'eau et au rhum.
D'autres le glacent seulement avec du
fondant blanc. D'autres encore sèment
dessus quelques raisins de Corinthe
avant de les détailler. Ce ne sont là que
variantes sans importance et je ne vous
les ai citées que pour vous permettre
de mieux reconnaître les gâteaux cités
ci-dessus.

On peut, pour finir, les détailler fa
cultativement en carrés d'environ six
centimètres de côté et ne les faire qu'a-
vec deux abaisses au lieu de trois et en
augmentant l'épaisseur de celles-ci et
celle de la couche de la crème pâtissière.

Pour obliger les nouvelles abonnées,
nombreuses depuis le mois dernier, je
donne à nouveau la recette de la crème
pâtissière, déjà donnée de nombreuses
fois dans des numéros précédents, et ce
pour ne pas les obliger à acheter ces
numéros.

PROPORTIONS :
125 grammes de sucre en poudre
4 jaunes d'œufs;
25 grammes de farine tamisée;
1/4 de litre de lait;
1/2 gousse de vanille.

POCÉDÉ. — Faites bouillir le lait et
la gousse de vanille, travaillez ensemble
le sucre et les jaunes d'œufs, mélangez
la farine et délayez avec le lait bouillant.

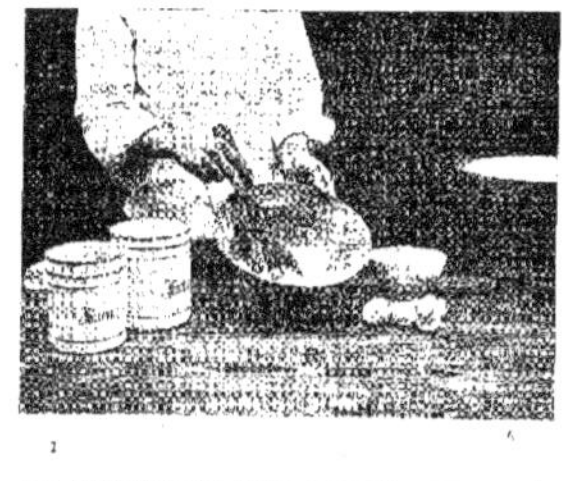

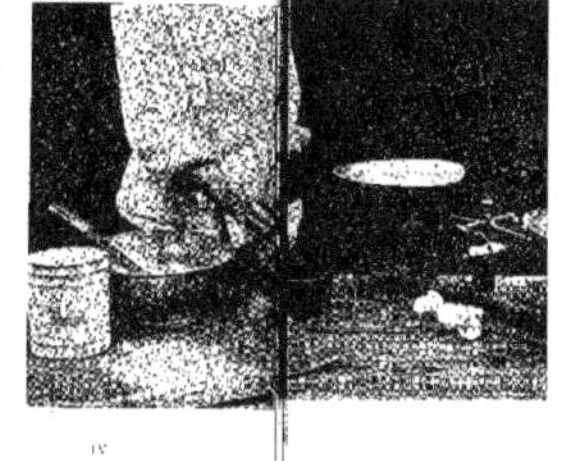

Comment se font les Madeleines

(Genre Commercy)

I. — Travailler dans une terrine 125 gr. de sucre avec 3 blancs d'œufs mis un par un.

II. — Mélanger un par un les jaunes d'œufs.

III. — Peser 125 grammes de farine et la tamiser sur un papier.

IV. — Peser 125 grammes de beurre fin et le fondre à la noisette dans une casserole. Y jeter une pincée de farine.

V. — Avec un pinceau trempé dans ce beurre, beurrer grassement les moules à madeleines.

VI. — Mélanger légèrement la farine puis le beurre fondu, et enfin le reste d'un quart de citron.

VII. — Garnir les moules aux trois quarts et cuire 15 minutes à four doux. Démouler et laisser refroidir sur grilles.

VIII. — Les madeleines terminées.

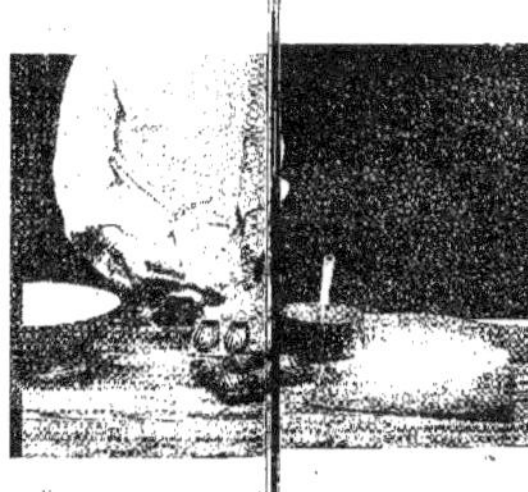

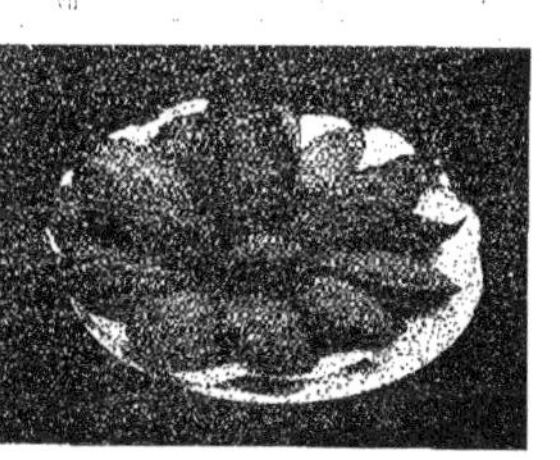

Donnez un bouillon au tout sans cesser de remuer au fouet pour empêcher de brûler au fond.

Débarrassez-la dans une terrine et remuez-la de temps a autre pour l'empêcher de croûter. On peut aussi beurrer légèrement le dessus avec un petit morceau de beurre fin, c'est plus pratique.

CONVERSATIONS (voir figure 5). — C'est un délicieux petit gâteau que les conversations; il tient à la fois du dartois et des allumettes et n'en a nullement la forme. Il se fait en moules ronds à tartelettes.

RECETTE. — Faites une abaisse très mince en rognures de feuilletage ou en feuilletage commun à cinq tours. Que cette abaisse n'ait pas plus de deux

Fig. 5

millimètres d'épaisseur. Mouillez légèrement des moules à tartelettes et rangez-les côte à côte sur la table à pâtisserie. Soulevez l'abaisse de feuilletage et posez la sur les moules sans lui faire faire de plis. Avec un tampon de pâte légèrement fariné, appuyez bien la pâte dans chaque moule pour qu'elle adhère bien. Garnissez l'intérieur des moules à moitié seulement de crème d'amandes à dartois ou de crème pâtissière, mais je recommande particulièrement la crème d'amandes.

Surtout, ne garnissez pas plus qu'à moitié les moules. Moulez le tour de la pâte de chaque moule et posez sur ceux-ci une seconde abaisse comme la première, plutôt plus mince encore si possible.

Passez le rouleau sur cette seconde abaisse, la pâte se trouvera coupée à ras des moules et soudée à la fois à l'abaisse du dessous.

Préparez une glace royale bien ferme comme pour les allumettes feuilletées en travaillant environ 250 grammes de glace de sucre avec un blanc d'œuf et en ajoutant au besoin une légère pincée de farine pour l'empêcher de couler.

Etalez avec un petit couteau d'office ou une palette une légère couche de glace royale sur le dessus des conversations. Taillez ensuite dans les rognures de pâte résultant du fonçage des bandes très minces et très étroites ayant au plus 3 millimètres de largeur sur 2 d'épaisseur. Posez ces bandes sur le dessus des conversations en les espaçant de 2 centimètres et posez-en d'autres en travers pour former des losanges avec les premiers. Quatre bandes suffisent, deux dans chaque sens, mais en en mettant quatre, comme le montre la figure 5, l'effet est plus joli.

Cuisez ces gâteaux à four très doux et aussitôt finis.

OBSERVATIONS. — N'attendez jamais pour cuire les conversations, comme du reste tous les gâteaux recouverts de glace royale, car l'humidité contenue dans la pâte ramollit la glace royale et la fait couler à la cuisson.

Laissez aussi le four légèrement entr'ouvert pour permettre la sortie de la buée qu'ils dégagent; celle-ci peut faire friser la glace sur le dessus. Pour la même raison évitez de cuire en même temps que ces gâteaux d'autres comme les choux et les éclairs, les biscuits cuiller, etc , qui dégagent beaucoup de buée.

MIRLITONS DE ROUEN. — Les mirlitons sont de délicieux petits gâteaux très appréciés pour les buffets de lunch, matinée ou soirée, car ils ont l'avantage d'être des gâteaux secs très fins pouvant être mangés même sans ôter ses gants et n'offrant pas le risque de tacher ceux-ci ou les toilettes des invités.

RECETTE. — Faites une abaisse de 6 à 8 millimètres d'épaisseur en feuilletage fin à six tours et taillez dans dans cette abaisse des rondelles à l'emporte-pièce cannelé pour foncer des moules à tartelettes légèrement humectés d'eau. Vous remarquerez qu'ici l'abaisse est très épaisse, c'est intentionnellement et c'est là la caractéristique des mirlitons préparés à Rouen et dans la région. Il m'a été donné de les apprécier et je vous les recommande particulièrement. Pincez bien la crête des mirlitons en fonçant les moules et montez celle-ci aussi haut que possible.

Les moules étant foncés, piquez-les légèrement et travaillez ensuite dans une terrine 50 grammes de sucre en poudre avec un œuf entier. Ajoutez six cuillerées à soupe de crème épaisse très fraîche et quelques gouttes d'eau triple de fleurs d'oranger. Garnissez vos moules à raison d'une cuillerée à soupe de cet appareil par moule. La quantité ci-dessus permet de garnir huit à dix moules, suivant leur grandeur.

Poudrez-les fortement de sucre glace et cuisez les 15 à 20 minutes à four moyen. Démoulez les une fois cuits et laissez les refroidir sur grilles.

MIRLITONS PARISIENS. — Foncez des moules à tartelettes en rognures de feuilletage ou, si vous n'en disposez pas, en feuilletrge commun à *six tours* de 2 à 3 millimètres d'épaisseur au plus, en taillant des rondelles au coupe-pâte cannelé dans une grande abaisse Il est inutile de beurrer les moules, il suffit de les mouiller légèrement pour faire adhérer la pâte à ceux-ci. Montez bien bien la crête de ces moules à tartelettes en pinçant bien la pâte pour qu'elle ne retombe pas à la cuisson.

Préparez ensuite un appareil à mirli-

tons avec les proportions suivantes :
60 grammes de sucre;
2 œufs entiers ;
30 grammes de macarons écrasés et quelques gouttes d'eau de fleurs d'oranger.

Travaillez bien le sucre et les œufs dans une petite terrine. Mettez ensuite les macarons écrasés ou, à défaut, 30 grammes d'amandes en poudre et la même quantité de sucre en poudre. Parfumez à l'eau de fleurs d'oranger et gar-

Fig. 6

nissez les moules un peu plus qu'à moitié ; avec cet appareil vous aurez de quoi garnir environ douze moules. Posez trois moitiés d'amandes sur l'appareil, comme le montre la figure 6, et poudrez fortement les mirlitons. Cuisez-les environ 20 minutes à four moyen. Les amandes resteront blanches et le reste de la croûte colorera, cela produit un très joli effet, un genre de trèfle blanc se détachant sur la croûte dorée du gâteau.

MIRLITONS A LA NOIX. — On fait de très bons mirlitons à la noix et au café.

Le fonçage des moules est le même que dans la recette précédente, et je vous prie de vous reporter aux indications données plus haut.

Préparez un appareil avec les proportions suivantes :

Amandes mondées..	50	grammes
Noix mondées......	50	—
Sucre...............	100	—
Œuf entier........	1	
Essence de café....	2 cuillers à potage	
Beurre fin fondu ...	50	grammes

PROCÉDÉ. — Mondez les amandes en les échaudant à l'eau bouillante et opérez de même pour les noix si elles sont sèches. Si vous disposez de noix fraîches, épeluchez les simplement en vous aidant de la pointe d'un couteau. Quand on veut monder des noix sèches, on fait bouillir une très petite quantité d'eau dans une casserole et on y jette sept ou huit moitiés de noix, *pas davantage*. On retire immédiatement la casserole du feu et on tire les noix morceau par morceau sans plus attendre ; on les épluche de suite. Cette opération se fera aussi facilement que si elles étaient fraîches et plus facilement même, car la pellicule est plus épaisse et se déchire moins que lorsque les noix sont fraîches.

Opérez très vite, car si les noix restaient trop longtemps dans l'eau, elles gonfleraient et absorberaient celle-ci dont elles sont très avides. La pâte en serait ramollie par la présence de cette humidité intempestive.

Les amandes et les noix étant ainsi mondées, pilez-les au mortier avec le sucre en poudre et l'œuf entier pour que la pâte ne huile pas. Cette pâte a une grande tendance à huiler due à la grande teneur en huile des noix, et c'est la seule raison pour laquelle on met moitié amandes dans ces mirlitons à la noix. La pâte entièrement faite à la noix serait trop huileuse, par suite trop lourde.

L'appareil étant bien pilé, ajoutez les deux cuillerées à soupe d'essence de café (vous aurez obtenu cette essence en passant cinq cuillerées à soupe d'eau bouillante sur 40 grammes de café moulu que vous réservez pour un autre emploi).

Faites fondre d'autre part le beurre fin et versez-le petit à petit dans l'appareil.

Garnissez aux trois quarts les moules foncés en feuilletage avec cet appareil et semez dessus des amandes effilées ; poudrez ensuite de sucre glace et cuisez pendant 20 minutes environ à four moyen. Démoulez aussitôt cuits et laissez refroidir sur grille. La quantité d'appareil ci-dessus donne environ huit moules de grandeur moyenne.

PUITS D'AMOUR. — Faites une abaisse de 4 millimètres environ d'épaisseur en feuilletage fin à six tours et détaillez dans cette abaisse et au moyen d'un coupe-pâte cannelé, des rondelles de 6 à 8 centimètres au plus de diamètre.

Placez la moitié de ces abaisses sur une plaque légèrement mouillée et en les espaçant convenablement. Evidez autant d'abaisses en vous servant d'un coupe pâte uni ou cannelé, de diamètre inférieur et de taille voulue, pour obtenir des couronnes de 1 centimètre au plus de diamètre au plus de côté (il faudra donc pour cela prendre un coupe-pâte de 4 à 6 centimètres de diamètre)

Mouillez le tour des abaisses déjà mises sur plaque et superposez sur chacune d'elles une couronne ainsi détaillée. Superposez-les bien exactement et appuyez légèrement pour qu'elles se soudent bien entre elles. Dorez le dessus de la couronne supérieure et cuisez le tout (après avoir laissé reposer si c'est nécessaire) pendant quinze minutes environ à four moyen Une fois la cuisson terminée, amenez-les à la bouche du four et, sans les sortir, poudrez les gâteaux légèrement avec du sucre glacé. Repassez-les une seconde à l'endroit le plus chaud du four pour fondre ce sucre qui formera vernis ; sortez les et relevez les sur une grille pour les laisser refroidir. Il va sans dire que vous aurez doublé la plaque qui portait ces gâteaux si le four avait beaucoup de chaleur en dessous et était disposé à brûler les gâteaux en dessous. Assurez-vous, en tout cas, qu'ils ne sont pas *ferrés*, c'est-à-dire trop cuits en dessous et grattez-les largement si c'était arrivé, car ils seraient amers et immangeables.

Ces gâteaux auront l'aspect d'une bouchée à la reine. Quand ils seront bien refroidis, garnissez-les de crème pâtissière au moyen d'une cuiller à soupe ou mieux d'une poche munie d'une douille unie, en sorte de former un petit dôme. Semez sur chacun de ces dômes une pincée de sucre cristallisé et faites rougir au feu une barre de fer. Passez cette barre de fer sur un chiffon mouillé pour enlever les impuretés qui se déposent dessus et appuyez-le une seconde ou deux sur le sucre pour le faire fondre au caramel. Évitez de le laisser trop longtemps car le caramel serait trop foncé et, par suite, amer. Il faut aussi que la barre de fer soit bien rouge, car si elle ne l'était pas suffisamment, la crème adhérerait après et les gâteaux auraient vilain aspect. Si vous ne disposez pas d'une barre de fer spéciale, vous pouvez faire rougir le tisonnier du fourneau, mais l'opération serait plus longue et le tisonnier refroidirait plus vite.

La pelle du fourneau peut aussi servir à cet usage, mais on la détériore vite à ce jeu et mieux vaut, pour quelques sous, acheter chez le quincaillier une barre de fer plate et assez épaisse de 60 centimètres de longueur environ.

Fig 7

PALMIERS (*voir figure 7*). — Les palmiers sont des gâteaux feuilletés très appréciés. Ils ont pris leur nom de leur forme ressemblant à une palme.

La préparation en est simple et demande, malgré cela, un certain tour de main que je vais essayer de bien vous expliquer.

Prenez du feuilletage fin ou demi-fin à quatre tours et ayant reposé 15 à 20 minutes depuis qu'il a reçu son quatrième tour.

Dressez convenablement la table à pâtisserie pour enlever toute la farine et donnez deux tours à ce feuilletage en remplaçant la farine par du sucre glace pour l'empêcher de coller au rou-

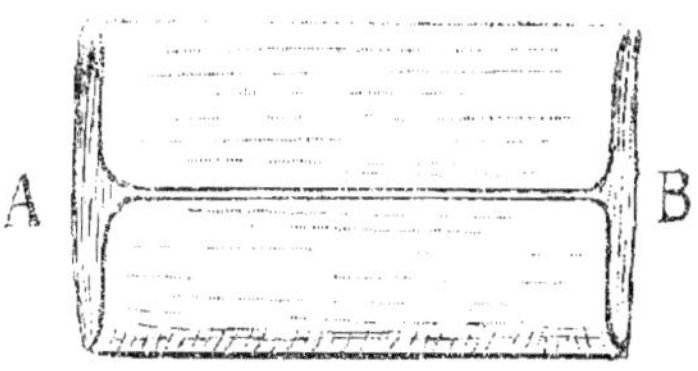

Fig. 8

leau et au marbre. Opérez aussi vite que possible, car, autrement, le sucre fondrait au contact de l'humidité de la pâte et vous obtiendriez un résultat médiocre.

Opérez en sorte que vous obteniez une abaisse d'environ 24 centimètres de longueur, un demi-centimètre d'épaisseur et une largeur variant suivant la quantité de pâte que vous traitez.

Placez l'abaisse en longueur devant vous et ramenez chaque bout de cette abaisse au milieu. Vous aurez une nouvelle abaisse de 12 centimètres seulement de longueur dont la soudure se trouvera au milieu (voir figure 8). Soudez intimement les bouts de la pâte au milieu de l'abaisse de *A* en *B* et repliez encore cette abaisse en deux sur elle-même dans le sens de la longueur, vous obtiendrez un pâton conforme à la figure 9 que vous détaillerez en morceaux de 1 centimètre d'épaisseur à l'aide d'un grand couteau.

Rangez ces palmiers sur une plaque *non mouillée* en les espaçant d'au moins 6 centimètres l'un de l'autre, car ils s'étalent beaucoup, et cuisez-les à four moyen. La cuisson est assez délicate, car le sucre qui fait s'étaler les palmiers tend aussi à les faire brûler.

On les enfourne, *sans les doubler*, dans un four chaud et, quand ils commencent à prendre de la couleur, on les double d'une seconde plaque et on modère la chaleur du four. Les palmiers doivent rester blonds et être bien cuits, car il faut qu'ils soient croustillants. Un palmier insuffisamment cuit est lourd, pâteux et très indigeste. Quand le palmier est suffisamment coloré dessus, on le retourne pour voir s'il l'est également dessous : s'il ne l'est pas on le retourne et on le laisse au jour jusqu'à ce qu'il ait à la fois pris belle couleur et bonne consistance. Il peut se faire que certains soient cuits avant les autres, soit qu'ils se trouvent au bord de la plaque, soit qu'ils aient été taillés un peu plus minces. On les enlève au fur et à mesure et on laisse terminer la cuisson des autres qui, je le répète, doit être parfaite, pour qu'ils soient appréciés.

Il y a certainement encore d'autres gâteaux feuilletés, mais je vous ai cité les plus connus et pense m'être suffisamment étendu sur ce sujet, et dans la prochaine leçon de ce cours de pâtisserie, je traiterai de quelques entremets de pâtisserie en commençant par un des plus connus, sinon des plus simples et des plus appréciés : le gâteau moka.

Table des Matières

I

II

Recettes expliquées par les photographies

III

e de l'Alimentation

édigé par une élite d'officiers de bouche

es Produits, les Travaux, le Matériel, l'Hygiène

n Technique :

ranjon, H. Lépinasse, H. Martin, Prosper Montagné, Prosper Salles, Alfred Suzanne, etc.

Illustrations, des milliers de formules clairement expliquées de toutes les meilleures recettes
tion ; le matériel ; le service de la table ; l'art floral ; la fabrication des liqueurs, des conserves,

MODE D'ENVOI

FASCICULES. — Les Fascicules sont envoyés *roulés* dans un fort tube de carton, par l'intermédiaire de la poste.

VOLUMES. — Les souscripteurs qui préféreront attendre l'apparition de chacun des trois volumes de l'ouvrage recevront lesdits volumes en colis postaux, dans tous les pays où ce service est établi *jusqu'à cinq kilos.*

RELIURE

La reliure adoptée est en demi-chagrin, dos en peau, plats en toile, couleurs : *vert, rouge* ou *noir.* Chaque reliure, 5 francs, soit 15 francs pour les 3 volumes à ajouter au prix de la souscription du prix de 50 francs en fascicules brochés.

BULLETIN DE SOUSCRIPTION   P.

Je soussigné M ....

souscris par le présent à .... *exemplaire* ...... *de l'*ENCYCLOPÉDIE ILLUSTRÉE DE L'ALIMENTATION, *en 3 volumes.*

Mode de publication choisi (1) ....

.... *au prix à forfait de* (1) .... *fr.*

Inclus mandat de Fr. (2) .... *et le reste comme indiqué ci-contre en*

traites .... *de* .... *francs tous les* ....

Je n'aurai aucun supplément à payer si l'ouvrage comporte plus de 60 fascicules ou plus de 3 volumes.

SIGNATURE ET DATE :

(1) 1° En fascicules : 50 francs. Au comptant : 40 francs envoyés de suite.
    2° En 3 vol. reliés : 65 fr. Au comptant : 60 fr. — Couleur de la reliure choisie ....
(2) 5 **francs** en souscrivant ou 40 francs comptant broché. — 60 francs en volumes reliés.

Retourner rempli ce bulletin à la *Librairie « CULINA »*, 12, Chaussée d'Antin, PARIS.

CYCLOPÉDIE contre O fr. 50